STEVIA – endlich freigegeben!

Es dauerte Jahre, bis die **EFSA** (*European Food Safety Authority*) die Steviolglycoside als Lebensmittelzusatz endlich freigegeben hat. Ernährungsbewusste Menschen und ganz besonders Diabetiker warteten schon seit langer Zeit auf die Registrierung, da sie die Produkte bisher nur als Kosmetika erhielten. Es gibt kaum Menschen, die gerne auf Süßspeisen verzichten wollen. Besonders Diabetiker sind davon betroffen.

Dieses Buch richtet sich an alle ernährungsbewussten Personen und Diabetiker. Diabetes 1 und Diabetes 2 Patienten nehmen jährlich zu – und es wird befürchtet, dass dies auch in Zukunft so sein wird. Diabetes wurde zur Zivilisationskrankheit! Extrakte der Pflanze Stevia Rebaudiana, die Steviolglycoside, haben einen enorm hohen Süßwert und beeinflussen in keinster Weise den Blutzuckerspiegel. Bekannt ist die Pflanze schon seit über tausend Jahren in alten Kulturen. Es gibt bereits Überlegungen, dass die Pflanze in Österreich *(in wärmeren Gebieten unseres Landes)* angebaut werden soll. Dazu ist es notwendig, entsprechende Sorten zu züchten.

Gleichzeitig mit der Freigabe durch die Europäische Union kommt auch die neue Produktlinie „**natusweet**" der Firma Reisenberger GmbH auf den Markt. Natürlich können aber ebenso die Produkte der Marke „**eubiotica**" verwendet werden. Der Süßigkeitsgehalt der Produkte ist gleich, die Qualität hervorragend – und jede Köchin und jeder Koch, der die genannten Produkte verwendet, hat die Garantie, dass die Rezepte, die in diesem Buch abgedruckt sind, auch gelingen. Die Fotos entsprechen den tatsächlichen Backwaren und zeigen die Endprodukte.

Mit den Produkten von „**natusweet**" und „**eubiotica**" erhalten Sie beste Qualität aus Österreich. Entwickelt wurden die Produkte in Zusammenarbeit mit der Universität für Bodenkultur. Hergestellt werden sie unter strengsten Kontrollen. Nur so kann auch in Zukunft beste Qualität garantiert werden. Alle Rezepte in diesem Buch wurden mit diesen Produkten hergestellt

Kritzendorf, Dezember 2011

Qualität aus Österreich

Sie finden in diesem Buch:

Eine sehr umfangreiche Information zur Pflanze selbst und jenes Betriebes, der die Produkte *(Granulat, Kristalle+, Flüssigextrakt und Tabs)* in Österreich unter strengster Kontrolle herstellt. Mit den Markennamen *„natusweet"* und *„eubiotica"* erzeugt die niederösterreichische Firma Reisenberger GmbH sehr hochwertige Produkte, die in allen Rezepten des Buches Anwendung finden. Schon die ersten beiden Auflagen des Buches waren schnell vergriffen und die Rückmeldungen von Käufern sehr positiv. Die Aussage der Autorin, dass alle Rezepte gelingen, hat sich bestätigt. Mit den Produkten *„natusweet"* und *„eubiotica"* hat man mit Sicherheit beste Qualität – erzeugt in Österreich.

© 2011 by Verlag Ferdinand Berger & Söhne Horn/Wien
Alle Rechte vorbehalten – printed in Austria

3., aktualisierte und erweiterte Auflage, Dezember 2011

Verlag: Ferdinand Berger & Söhne Ges.m.b.H,
3580 Horn, Wiener Straße 80 *(www.verlag-berger.at)*

Autorin: Eva Randus-Riedinger, 3420 Kritzendorf

Vervielfältigungen jeder Art, auch auszugsweise oder elektronisch, verboten!

© Bilder: Fa. Reisenberger GmbH und Fa. Riedinger

Herstellung: Hannes Riedinger, Grafische Gesamtbearbeitungen und Warenhandel, 3422 Altenberg und 3420 Kritzendorf

Druck: Ferdinand Berger & Söhne Ges.m.b.H.
3580 Horn, Wiener Straße 80 *(www.berger.at)*

ISBN: 978-3-85028-546-9

Der Süßstoff dieser aus Südamerika stammenden Pflanze ist seit Jahrtausenden bekannt und in Verwendung. Viele Länder wie zum Beispiel Japan *(etwa 50 % Marktanteil)*, Australien, Neuseeland, die Schweiz und andere verwenden den sehr hohen Süßungsgehalt dieser Pflanze zum Süßen von Speisen und Getränken. Menschen mit hohen Blutzuckerwerten sowie Menschen, die mit Übergewicht kämpfen und ernährungsbewusste Personen vertrauen bereits weltweit der Qualität von *Stevia*. In Österreich waren die Produkte über viele Jahre nur als Kosmetika erhältlich. Sie wurden und werden aber auch als Haarwaschmittelzusatz, zur Prophylaxe in Zahnpasten *(hemmt die Plaquenbildung)* usw. verwendet. Manche bezeichnen diese Produkte als „Wundermittel der Natur", da kein nennenswerter Anstieg des Zuckergehalts zu erkennen ist. Die Firma Reisenberger GmbH in Österreich stellt die Produkte unter strengster Kontrolle seit Jahren her und kann über die Zufriedenheit vieler Kunden ebenso berichten wie die Autorin selbst. Es ist darauf zu achten, die *Stevia*-Produkte sparsam zu verwenden, da der Süßungsgehalt sehr hoch ist. Die in diesem Buch beschriebenen Rezepte sind alle verwendbar, da es sich um Rezepte handelt, die von der Autorin selbst mehrfach gebacken/gekocht wurden, um Ihnen umfangreiche Back- und Kochrezepte für alle Jahreszeiten und für viele Festtage zur Verfügung zu stellen.

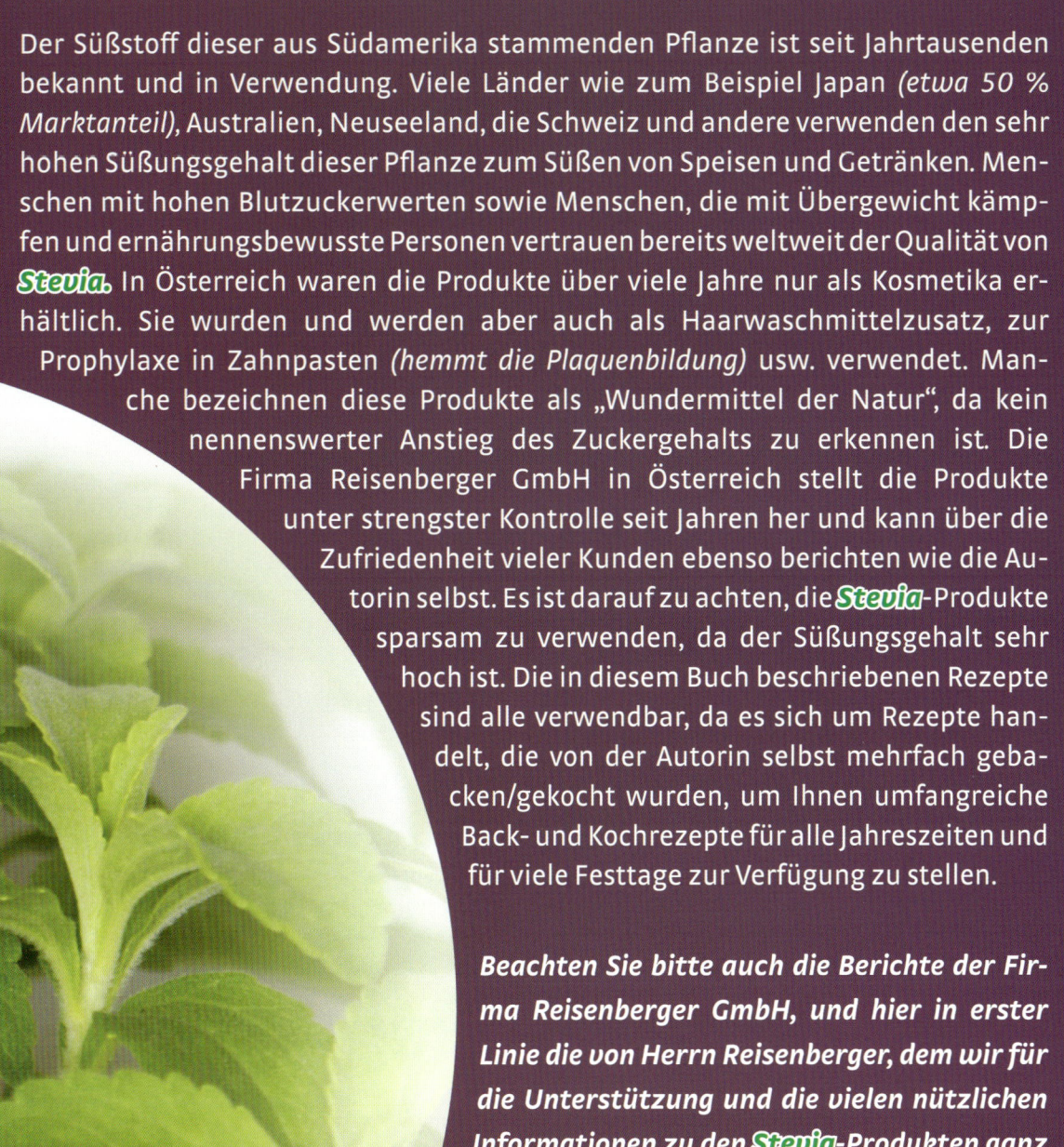

Beachten Sie bitte auch die Berichte der Firma Reisenberger GmbH, und hier in erster Linie die von Herrn Reisenberger, dem wir für die Unterstützung und die vielen nützlichen Informationen zu den Stevia-Produkten ganz besonders danken!

Wichtige Informationen für alle Köchinnen und Köche:

Sie haben mit diesem Buch ein Kochbuch erworben, welches von einer Köchin Rezepte enthält, die sich schon seit Jahren mit dem Süßungsmittel **„Stevia"** befasst. Nachdem immer mehr Stimmen europaweit laut wurden und werden, dass man den Süßstoff dieser seit mehreren tausend Jahren bekannten Pflanze aus Südamerika auch in unseren Breiten zulässt, hat sich Frau *Eva Randus-Riedinger* bereit erklärt, dieses Kochbuch zu schreiben. Wichtig für Sie als Leserin bzw. Leser ist, dass die hier abgedruckten Rezepte bereits mehrfach von der Autorin selbst gebacken bzw. gekocht wurden und die Fotos den tatsächlichen Produkten entsprechen. Mit **„Stevia"** gekochte Süßspeisen haben oftmals eine andere Struktur als mit normalem Zucker zubereitete. Dies können Sie auch anhand der Abbildungen erkennen. Sehr wichtig zu erwähnen ist auch, dass normaler Zucker auch ein Konservierungsmittel ist. Deshalb sind die mit **„Stevia"** zubereiteten Produkte nicht so lange haltbar. Sie finden zu den Rezepten auch die Broteinheiten angegeben *(für die deutsche Küche die Kohlehyrateinheiten und für die Schweiz die Brotwerte),* da gerade Personen mit erhöhten Blutzuckerwerten **„Stevia"** als Süßungsmittel sehr schätzen. **Die angegebenen Werte in diesem Buch verstehen sich immer auf das gesamte Back- bzw. Kochergebnis.** Wenn Sie die Rezepte nachbacken bzw. -kochen, so kann eine **„Erfolgsgarantie"** nur dann gegeben werden, wenn Sie, wie die Autorin selbst, die Produkte von **„natusweet"** und/oder **„eubiotica"** verwenden. Wichtig zu erwähnen ist auch, dass man die Zutaten im Lebensmittelhandel problemlos erhält *(ausgenommen davon ist derzeit noch das Johannisbrotkernmehl [Biobin oder Vegabin]),* welches man in Bioläden bzw. Reformhäusern erwerben kann und nur in geringsten Mengen anzuwenden ist, sodass man mit einer Verpackungseinheit sehr lange auskommt. **Hier noch einige kurze Beschreibungen:**

Johannisbrotkernmehl *(Tartex Vegabin):*

Dabei handelt es sich um ein pflanzliches Binde- bzw. Verdickungsmittel für Saucen und Backwaren, welches sehr sparsam zu verwenden und absolut geschmacksneutral ist. Es hat fast keine Kalorien bzw. Broteinheiten *(ein Messlöffel [dem Vegabin beigepackt] hat zum Beispiel 0,3 Kcal).* Vegabin ist cholesterinfrei, natriumarm und ist aus glutenfreien Rohstoffen hergestellt.

Tartex Vegabin wird nicht nur für Süßspeisen verwendet. Es findet auch in vielen anderen Speisen Anwendung, wenn man Soßen verdicken möchte. Viele Köchinnen und Köche kennen die Vorzüge von **Tartex Vegabin!**

Gel-Fix:

Bei diesem Produkt handelt es sich um eine rein pflanzliche und zuckersparende Gelierhilfe mit Pektin. Das Produkt ist im Lebensmittelhandel problemlos erhältlich *(entweder 3 : 1 oder 2 : 1).* Mit Gel-Fix ersetzt die Autorin den Gelierzucker und erhält so ebenfalls eine lange Haltbarkeit der Marmeladen.

Abkürzungserklärungen:

EL = Esslöffel
TL = Teelöffel
Msp. = Messerspitze
BE = Broteinheiten
KHE = Kohlehydrateinheiten
BW = Brotwerte

Erklärungen für die deutsche Küche:
Da im deutschsprachigen Raum manche Produkte verschiedene Bezeichnungen haben, finden Sie auf Seite 124 sehr wichtige Erklärungen: *z. B. Topfen = Quark usw.*

Inhalt:

Vorwort *Dr. Erwin Pröll*
Landeshauptmanns von NÖ 2

Stevia – endlich freigegeben!
Information zur Freigabe 3

Stevia Rebaudiana Bertoni
Wie sind wir zu Stevia gekommen?
Umfangreiche Information des Stevia-Produzenten: Firma Reisenberger GmbH, Österreich Berichte von Herrn Ing. Franz Reisenberger: „Wir produzieren die Stevia-Produkte" ... 9

Vorwort der Autorin
Informationen der Autorin
Eva Randus-Riedinger 15

Danksagungen 16

Erklärungen für die deutsche Küche 124

Rezepte

Kuchen
Apfel-Blechkuchen 18
Buttermilch-Öl-Kuchen 30
Gedeckter Apfelkuchen 20
Marillenkuchen 22
Marmorkuchen 32
Nuss-Öl-Kuchen 34
Orangen-Öl-Kuchen 26
Orangen-Topfen-Kuchen 28
Zwetschken-Blechkuchen 24

Strudel
Apfelstrudel 36
Beeren-Topfen-Strudel 40
Marillen-Topfen-Strudel 38
Milchrahmstrudel 42
Waldviertler Strudel (Mohn und Nuss) .. 39

Torten
Apfelcremetorte – ohne Backen 58
Brombeertorte 46
Erdäpfeltorte 54
Erdbeer-QimiQ-Torte 44
Heidelbeer-Topfen-Torte 48
Karottentorte 52
Malakofftorte 56
Zitronen-Joghurt-Torte 50

Schnitten
Bananenschnitte 60
Beerenschnitte 66
Cremeschnitte 64
Lebkuchenschnitte 62

Klassische Rezepte
Brösel-Nudeln 68
Buchteln 80
Bunte Mandel-Muffins 74
Germ-Gugelhupf 73
Germknödel 90
Hirseauflauf 70
Kaiserschmarren
mit Zwetschkenröster 86
Klassische Biskuitroulade 69
Golatschen 67
Mohnauflauf mit Birnen 82
Mohnnudeln 72
Original Kritzendorfer
„Rundsüßlinge" 92
Osterlamm 75
Powidltascherln 88
Reisauflauf 71
Stevia-Striezel
„Klosterneuburger Frühstückswecken" .. 76

Tiramisu	84
Topfenstollen	77
Walnussweckerln	78
Zwetschken-Topfenknödel	79

Gelee
Apfel-Hollerblüten-Gelee	94

Marmeladen
Erdbeer-Holler-Marmelade	95
Marillenmarmelade	96
Powidlmarmelade	99
Ribisel-Karotten-Marmelade	97
Ringlottenmarmelade	98

Weihnachtsbäckerei
Kokosbusserln	100
Mürbe Kekse	101
Orangenwellen	104
Radlkroapfa – Waldviertler Spezialität	105
Schwarz-Weiß-Bäckerei	103
Vanillekipferln	102

Eistee
Eistee für Erwachsene	106
Eistee „spezial" für Kinder	107

Getränke alkoholisch
Bowle – leicht erfrischend	108
Glühwein	109

Drinks für alle Jahreszeiten
Exotic Shake	111
Früchte-Shake	110

Schnell und gut
Beerengrütze	113
Buntes Müsli	115
Exotic-Fruchtsalat	116
Frucht-Joghurt	112
Herbst-Fruchtsalat	117
Schlagobers	114

Eis
Erdbeereis	118
Himbeereis	119

Vanillecreme
Vanillecreme I	120
Vanillecreme II	121

Puddings
Früchtepudding	123
Puddings (Vanille, Schoko …)	122

Desserts
Apfelkompott	125
Bratapfel	126
Grießkoch	127
Kiwi-Dessert	124
Palatschinken	128
Salzburger Nockerln	129

Wie sind wir zu Stevia gekommen?

Ing. Franz Reisenberger: „Wir produzieren die Stevia-Produkte"

Alles begann im Jahr 2005. Der Gatte der paraguayanischen Botschafterin in Deutschland, der **Stevia** anbaut und **Stevia**-Produkte herstellt, kam zu mir und ersuchte mich, ob ich ihm nicht bei der Registrierung der getrockneten **Steviapflanzen** im Futtermittelbereich behilflich sein könnte.

Bis zum Jahr 2005 konnten die getrockneten Blätter als natürlicher Süßstoff *(vor allem im Kleintierfutter)* eingesetzt werden. Durch eine Gesetzesänderung war es von da an aber notwendig, eine Registrierung beziehungsweise Notifizierung bei der Europäischen Union in Brüssel vorzunehmen. Diese Notifizierung konnte aber nur ein **„notifizierter, europäischer Betrieb"** beantragen.

Dieser paraguayanische Hersteller beschäftigt mehrere Personen indigenen Ursprungs in seinem Betrieb. Durch die Hilfestellung von Reisenberger bei der Registrierung im Tierbereich konnten Arbeitsplätze in Paraguay erhalten werden.

Im Zuge der Verhandlungen kamen wir auf den Bereich **„Süßung von Nahrungsmitteln mit Stevia"** zu sprechen. Seit dieser Zeit beschäftigt und engagiert sich meine Firma vorwiegend und mit Erfolg mit dem Thema **„Stevia"**.

Wir, die **Reisenberger GmbH,** sind als einziges österreichisches Unternehmen Mitglied bei der **EUSTAS** (**EU**ropean **ST**evia **AS**sociation) geworden. **EUSTAS** ist für die Zulassung von Stevia als Lebensmittelzusatzstoff in der EU verantwortlich *(Erstellung des Registrierungs-Dossiers)*.

Weiters ist die **Reisenberger GmbH** das einzige österreichische Unternehmen, welches aktiv am Registrierungsprozess beteiligt ist.

Derzeit sind wir eines der wenigen europäischen Unternehmen, welches die **Stevia** Rohstoffe in einem zertifizierten Pharmaunternehmen verarbeitet. Wir können somit unseren Partnern und Kunden **Steviaprodukte** in bester Qualität **„Made in Austria"** und höchster Sicherheit anbieten.

Warum Stevia?

Die Inhaltsstoffe der Pflanze **Stevia Rebaudiana Bertoni** nennt man Steviol-Glycoside. In der Pflanze sind mehrere dieser

Ing. Franz Reisenberger hat sich für die Freigabe von Stevia in der Europäischen Union eingesetzt, da er um die Qualität dieses Süßstoffes genau Bescheid weiß und innerhalb Europas sehr gute Kontakte pflegt. Stevia ist DAS Süßungsmittel für Ernährungsbewusste, Diabetiker und Übergewichtige.

süßen **Glycoside** enthalten. Diese Süßstoffe sind natürlichen Ursprungs, haben keine Kalorien, wirken nicht appetitanregend und sind etwa 300-fach süßer als Zucker.

Zulassungsstatus von Stevia weltweit

Von der indigenen Bevölkerung Paraguays wird *Stevia* schon seit Jahrhunderten als Süßstoff und Heilpflanze verwendet. Als Süßstoff findet *Stevia* dort vor allem bei der Süßung von Tees und anderen Getränken Anwendung, aber auch in Lebensmitteln.

In **Japan** wird *Stevia* seit über 30 Jahren als Süßungsmittel in diversen Nahrungsmitteln wie Brot, Säfte, Bier, Schokolade, Kaugummi, eingelegtem Gemüse, Tees und noch vielen anderen Produkten eingesetzt. Weiters sind in Japan **„künstliche Süßstoffe nur eingeschränkt zugelassen".** *Stevia* ist dort **DAS** **Süßungsmittel** der Wahl.

Mittlerweile ist *Stevia* rund um den Globus vertreten und erfreut sich immer größerer Beliebtheit. In Ländern, wie zum Beispiel Japan, Brasilien, Australien, Neuseeland, USA, Frankreich, Schweiz etc., ist *Stevia* bereits als Süßungsmittel zugelassen.

Schweiz und Frankreich haben es uns vorgemacht! Dort gibt es bereits temporäre Zulassungen für *Stevia* als Lebensmittelzusatzstoff, um den Konsumenten die natürliche Süße *Stevias* bis zur offiziellen Zulassung nicht vorzuenthalten.

Und jetzt sind die Steviolglycoside auch bei uns zugelassen. Ganz besonders die Diabetiker warteten schon viele Jahre auf die offizielle Zulassung – die nun endlich erfolgte!

Unter strengster Kontrolle werden in Österreich die Produkte „Kristalle+", Granulat", „Flüssigextrakt" und „Tabs" hergestellt und unter den Markennamen „natusweet" und „eubiotica" verkauft – ein Naturprodukt mit hervorragenden Eigenschaften für alle Altersgruppen!

Zulassungsstatus Stevia als Lebensmittelzusatz bzw. Süßungsmittel in der EU:

Nachdem die **EFSA** *(European Food Safety Authority – Behörde für Lebensmittelsicherheit)* bereits im April 2010 **Steviolglycoside** als **gesundheitlich unbedenklich** eingestuft hat und den **ADI**-Wert *(Average Daily Intake)* **– ADI-Wert: 4 mg/kg Körpergewicht –** festgelegt hat, hat sich im Juli 2011 nun auch der ständige Ausschuss für die Lebensmittelkette und Tiergesundheit für die Zulassung ausgesprochen.

Die Zukunft von Stevia

Stevia wird **nach erfolgter Registrierung** vor allem **als natürlicher Süßstoff bzw. Tafelsüße** verwendet werden. Ein großes Einsatzgebiet wird natürlich auch der Nahrungsmittelbereich sein. *Stevia* wird es **gesundheitsbewussten Menschen** *(und auch Diabetikern)* ermöglichen, ihren Zuckerverbrauch drastisch zu senken – ohne dabei auf Süßes zu verzichten.

Herstellung von Tabs, Premium Granulat, Kristalle+, Flüssigextrakt

Der von uns verwendete *Stevia Extrakt* wird in einem schonenden Verfahren aus den Blättern gewonnen.

Alle *Steviarohstoffe* durchlaufen in Österreich eine strenge Kontrolle, bevor sie zu den hochwertigen *„natusweet"*- **und** *„eubiotica"*- Produkten veredelt werden.

Die Herstellung unserer *Steviaprodukte* erfolgt in Österreich unter strengsten hygienischen Bedingungen in einem c-GMP zertifizierten Pharmaunternehmen.

Die Stevia-Pflanze benötigt viel Wärme und Wasser. Hauptanbaugebiete sind subtropische Länder. Es gibt aber bereits kleinere Stevia-Felder in unseren südlichen Nachbarländern. In Zukunft kann es durch Sortenauswahl möglich sein, Stevia-Pflanzen in den wärmeren Gebieten Österreichs anzubauen.

Beim Kauf von **„natusweet"- und „eubiotica"-Steviaprodukten** kaufen Sie somit Qualität **„Made in Austria"**.

Forschungskompetenz

Reisenberger GmbH ist seit über drei Jahren der exklusive Forschungspartner der Universität für Bodenkultur – Department für Lebensmittelwissenschaften und -technologie.

Bisherige Forschungstätigkeiten

- Entwicklung bedarfangepasster Steviolglycosid-Mischungen für Nahrungsmittelindustrie und Lebensmittelhandel *(Tabs, Granulat)*
- Entwicklung einer neuen Technologie zur Herstellung von Steviolglycosiden in höchster Reinheit und bester Qualität

Geplant ist der Bau einer Pilotanlage, um die Extraktion und die Herstellung von Steviolglycosiden in höchster Reinheit und in bester Qualität herzustellen.

Somit hätten wir den Produktionsprozess von der Pflanze bis zum fertigen Produkt in eigener Hand und **„Made in Austria"**.

Ausschnitt eines Feldes in Südamerika, wo diese Pflanze seit Jahrtausenden angebaut und der Süßstoff verwendet wird. So könnten auch in Zukunft Felder in unseren südlichen Nachbarländern und eventuell auch in Österreich aussehen. Reisenberger unterstützt natürlich diese Bemühungen.

Schlusswort/Danksagung der Firma Reisenberger GmbH

Wir bedanken uns bei **Eva Randus-Riedinger** und **Hannes Riedinger** für ihr Engagement in Sachen *Stevia* und die optimale Zusammenarbeit bei der Erstellung dieses Buches und wünschen uns und Ihnen, dass eine Vielzahl der Rezepte bei den *(Hobby-)*Köchinnen und Köchen großen Anklang findet.

Sie können die *Stevia-Produkte* selbst **und das Kochbuch** gerne über unsere Firma beziehen **(www.eubiotica.at)** oder auch direkt bei der Herausgeberin des Buches. Hier wenden Sie sich bitte vertrauensvoll per Mail an Frau **Eva Randus-Riedinger** **(randus-riedinger@aon.at)**.

Ing. Franz Reisenberger

Die in diesem Buch aufgeführten Rezepte funktionieren auch mit den in der Schweiz erhältlichen **SteviaIn**-Produkten von claresol:

www.claresol.ch
Im Näppenriet 14
CH-8606 Greifensee
Tel.: 043 244 54 40

> Zu allen Rezepten gibt die Autorin „Geling-Garantie", wenn Sie die *Stevia-Produkte* von „**natusweet**" und „**eubiotica**" der Firma Reisenberger GmbH aus Österreich verwenden und bei vielen Rezepten das Johannisbrotkernmehl „**Tartex Vegabin**".

Diese Produkte erhalten Sie bei der Firma Reisenberger GmbH und im Lebensmittelhandel *(nähere Informationen im Buch)*

Dieses Produkt erhalten Sie u. a. in Reformhäusern
(nähere Informationen im Buch)

Vorwort der Autorin

Liebe Leserinnen und liebe Leser!

Vor rund zehn Jahren begann ich mich über Süßstoff zu informieren, den auch Menschen mit Zucker- und Gewichtsproblemen problemlos verwenden können. Aus diesem Grund möchte ich dieses Buch ganz besonders meiner Schwiegermutter, Angela Riedinger, die jahrzehntelang Insulinpatientin war, und meiner Großmutter, Maria Randus, widmen. Leider konnten diese beiden Frauen, die mir sehr nahe gestanden sind, das Erscheinen dieses Buches nicht mehr erleben.

In meiner Familie verwenden wir *Steviaprodukte* seit etwa fünf Jahren *(auch als Badezusatz, Haarwaschmittel- und Zahnpastenzusatz)*. Ich habe mich für die hervorragenden Produkte der Firma **Reisenberger GmbH** entschieden. Besonders bei unseren Kindern konnten wir die Vorzüge erkennen. Die Ältere hat, obwohl sie brav ihre Zähne putzt, Probleme bei den Milchzähnen. Die jüngere Tochter mit sechs Jahren hat diesbezüglich kaum welche, da sie schon frühzeitig manche Süßspeisen mit *Stevia* speiste und auch bei den Zahnpasten mische ich *Stevia* bei. Bestätigungen erhielt ich auch von anderen Personen, die *Steviaprodukte* ebenfalls schon über Jahre verwenden.

Hinweisen möchte ich darauf, dass sich der Körper an die Stevia-Süße kurzfristig gewöhnen muss. Je öfter man mit Stevia süßt, desto weniger benötigt man davon. Sie können dies auch selbst testen: Süßen Sie Getränke mit Stevia und trinken nach einigen Tagen ein Light-Getränk. Sie werden merken, wie (über-)intensiv süß viele Getränke schmecken!

Nachdem mein Mann Hannes Riedinger mit der Verlagsleitung der Druckerei Berger in Horn sprach, machte man mir das Angebot, ich möge doch ein Kochbuch herausgeben, da es kaum interessante Bücher mit *Stevia*-Rezepten gibt. Ich nahm dieses Angbot an, und was Sie jetzt vor sich haben, ist das **Ergebnis in der dritten Auflage.** Mein ganz besonderer Dank gilt diesbezüglich dem Verlag der Druckerei Berger, der Firma Reisenberger GmbH und meinem Mann, der meine Rezepte in Form brachte. *Sie finden in meinem Buch nur Abbildungen, die den tatsächlich gekochten Produkten entsprechen (keine Symbolfotos)! Alle Zutaten erhalten Sie problemlos im Lebensmittelhandel. Auch das Biobin bzw. Vegabin (Johannisbrotkernmehl) ist in fast allen Drogerien/Reformhäusern bzw. Bioläden erhältlich (nur in angegebener, geringster Menge verwenden).*

Ich verwendete ausschließlich die Stevia-Produkte von „natusweet" und „eubiotica" der Firma Reisenberger GmbH. Verwenden auch Sie diese Produkte, werden Ihnen die Rezepte auch gelingen! Zu anderen Herstellern habe ich keine Kontakte. Deshalb kann ich auch nicht garantieren, ob die Speisen mit einem Süßigkeitsgehalt anderer Hersteller auch gelingen! Außerdem kämpfte, wie bereits viele andere Firmen auch, die Firma **Reisenberger GmbH** bei der Europäischen Union als einziger österreichischer Hersteller für die Freigabe dieser Produkte als Lebensmittel bzw. Lebensmittelzusatz *(siehe auch den Bericht von Herrn Ing. Franz Reisenberger).*

Wichtig für mich war von Anfang an, dass kein Rezept in dem Buch abgedruckt werden darf, welches ich nicht mehrfach selbst ausprobierte. Nur so, und das war mir von Anfang an klar, wird man Anerkennung finden. Ich wollte einfach alles „perfekt" haben. Mehrfach wurden von mir viele Rezepte immer wieder ausprobiert, um Ihnen das zu bieten, worauf ich von Anfang an großen Wert gelegt habe: **Jedes Rezept gelingt, da von mir mehrfach selbst erprobt!**

Ebenfalls sehr großer Dank gebührt Herrn **Ing. Franz Reisenberger** von derselben Firma, der mich in diesem Buch mit einem umfangreichen Bericht zu dem Produkt *„Stevia"* unterstützt. Er hat mir auch zugesichert, dass er uns bei Neuauflagen immer mit den neuesten Informationen versorgen wird, die gerne abgedruckt werden, damit Sie, liebe Leserin und lieber Leser, auch in Zukunft diesbezüglich die besten Informationen aus erster Hand haben.

Sehr wichtig ist, dass Sie sich an die Angaben beim Nachbacken/-kochen halten. Ich durfte in den letzten Monaten auch erfahren, dass bei Verwendung von anderen **Steviaprodukten**, als jenen der Firma Reisenberger GmbH manche Speisen nach Lakritze schmecken bzw. diese einen bitteren Nachgeschmack haben. **Bei den Produkten der Firma Reisenberger GmbH, die unter den Namen „natusweet" und „eubiotica"** vertrieben werden, ist dies nicht der Fall!

Ich wünsche Ihnen allen, die nach meinen Rezepten backen und kochen, dass es Ihnen ebenso schmeckt wie meiner Familie und mir.

Abschließend möchte ich auf diesem Weg noch dem Landeshauptmann aus Niederösterreich, Herrn **Dr. Erwin Pröll,** für sein Vorwort, welches Sie auf der Umschlaginnenseite finden, herzlich danken.

Ihre *Eva Randus-Riedinger*

Kritzendorf, im Dezember 2011

Danksagungen

Wir danken nachstehend genannten Firmen und Personen, die zur Herstellung dieses Back- und Kochbuches mit Produkt-, Sach- und Geldspenden sowie Hilfestellungen beigetragen haben:

Reisenberger GmbH
Hersteller der Stevia-Produkte:
Stuttgarterstraße 2, A-2380 Perchtoldsdorf

Wir danken dieser Firma für die freundliche Unterstützung. Sie können die Stevia-Produkte (siehe Abbildungen auf der Rückseite) auch bei der Firma Reisenberger bestellen. Homepage der Firma: www.eubiotica.at *bzw. unter der E-Mail-Adresse:* office@eubiotica.at*. Die Firma Reisenberger GmbH ist daran interessiert, qualitativ hochwertige Produkte anzubieten, was auch bei der Herstellung enormen Aufwand bedeutet. Somit erhält der Käufer* **garantiert erstklassige Stevia-Produkte. (Abbildungen siehe auch Umschlagrückseite).** *Die* „natusweet"-*Produkte der Firma Reisenberger finden Sie unter* www.natusweet.at. *Bei Fragen wenden Sie sich an* office@natusweet.at.

BIODIÄT Nahrungsergänzung
Erzeugungs- und Vertriebsges.m.b.H.
Sinusstraße 13, Postfach 1
A-9020 Klagenfurt am Wörthersee
Tel.: 0463 36 009-0 • Mail: info@biodiet.at

Tartex Vegabin ist ein pflanzliches Bindemittel aus **Johannisbrotkernmehl,** *das anstelle von Mehl, Eigelb oder Speisestärke in der gesundheitsbewussten Küche eingesetzt wird. Es ist kalorienarm, geschmacksneutral, natriumarm, cholesterin-, gluten- und purinfrei und sehr ergiebig. Außerdem hat es einen hohen Anteil an Quell- und Ballaststoffen. Es ist frei von verwertbaren Kohlenhydraten und daher für Diabetiker besonders geeignet, da ohne BE-Anrechnung!* **(Abbildung siehe Umschlagrückseite)**

Gärtnerei Steininger
Unter anderem auch Vertrieb von hochwertigen Kräuterpflanzen:
Wiener Straße 59, A-3433 Königstetten

Wir danken der Firma Steininger für die freundliche Unterstützung. Von dieser Firma erhielten wir die schönen Stevia-Pflanzen, die Sie in diesem Buch mehrfach abgebildet sehen. Stevia-Pflanzen sind auch teilweise winterhart und können in Österreich angebaut werden. Auch auf dem Balkon gedeihen diese Pflanzen prächtig. Wie wir von anderen Personen erfahren durften, die in der Nähe von Wald und Au wohnen, erfreuen sich auch Wildtiere an diesen Pflanzen. Deshalb aufgepasst, wenn diese Zugang zu Ihrem Garten haben!

Birgitt Schwarzinger
Ernährungsberaterin
Ein ganz besonderer Dank gilt unserer Ernährungsberaterin aus Niederösterreich, die sich bereit erklärte, die Broteinheiten (KHE und BW) zu diesem Buch auszurechnen. Somit erhalten vor allem Diabetiker jene Informationen, die für ihre Ernährung von ganz besonderer Bedeutung sind. Frau Schwarzinger hält auch Vorträge, ist in Ihrem Berufszweig sehr bekannt und wird als kompetente Ernährungsberaterin geschätzt!

Gabriele und Karl Steinmetz, NÖ
Wir danken der Familie Steinmetz auf diesem Weg für die Unterstützung. Sie haben viele Rezepte ebenfalls erprobt und uns bei der Herstellung des Buches mit einigen Tipps, Informationen und Rezeptvorgaben versorgt, die von der Autorin mit Stevia nachgebacken wurden.

Backen und Kochen mit STEVIA

Honigkraut bzw. Süßkraut

Auf den nachstehenden Seiten finden Sie Rezepte für alle Jahreszeiten zum Nachkochen, die auch gelingen!

*Eine von vielen Stevia Plantagen in Südamerika.
Die Pflanze Stevia Rebaudiana Bertoni könnte durch züchterische Maßnahmen auch an unsere klimatischen Verhältnisse angepasst werden und als wertvolle Alternativpflanze unseren heimischen Bauern Erträge liefern.*

Kuchen

Apfel-Blechkuchen

Zutaten:
280 g Dinkelmehl
1 Pkg. Backpulver
3 TL *Stevia Granulat*
140 g Topfen
6 EL Rapsöl
140 ml Milch
Prise Salz
800 g Äpfel
2 TL Zimt
3 TL *Stevia flüssig*
30 g geriebene Walnüsse

Zubereitung:

Backofen auf 180° C vorheizen.

Das Mehl mit dem Backpulver und dem *Stevia Granulat* **(oder „natusweet" Kristalle+)** in eine Schüssel sieben und gut vermischen.

Langsam der Reihe nach Topfen, Öl, Milch und Salz dazugeben.

Mit dem Knethaken alles sehr gut miteinander vermischen und zu einem glatten, geschmeidigen Teig kneten.

Die Äpfel schälen, Kerngehäuse entfernen, in dünne Scheiben schneiden und mit dem Zimt und dem flüssigen *Stevia* abmischen.

Kuchen

26 BE 28 KHE 28 BW

Backpapier auf das Blech legen.

Anschließend den Teig auf die Größe des Blechs ausrollen und darauf legen.

Die Apfel-Zimt-Masse gleichmäßig darauf verteilen und mit den Nüssen bestreuen.

Den Kuchen etwa 25 – 30 Minuten backen.

Vor dem Aufschneiden auskühlen lassen.

Serviervorschlag:

TIPP:
Der Teig lässt sich am leichtesten zwischen zwei Bögen Backpapier und mit Hilfe eines festen Glases ausrollen.

Anstelle des *„eubiotica"* **Stevia Granulats** können auch ohne Qualitätsverlust *„natusweet"* **Kristalle+** und die anderen *„natusweet"*-**Produkte** verwendet werden!

Kuchen

Gedeckter Apfelkuchen

Zutaten Mürbteig:

480 g Dinkelmehl
3 TL *Stevia Granulat*
350 g Butter
1 Ei
Messerspitze Salz
geriebene Schale von 1 Zitrone

Zutaten Apfelfülle:

750 g Äpfel *(ohne Schale und ohne Kerngehäuse)*
40 g Rosinen
abgeriebene Schale von 1 Zitrone
2 EL Zitronensaft
1 EL Zimt
1 EL *Stevia flüssig*
100 g Kinder-Biskotten
60 g gehackte Walnüsse

Eidotter zum Bestreichen
20 Tropfen *Stevia flüssig*

Zubereitung Mürbteig:

Mehl mit dem *Stevia Granulat (oder „natusweet" Kristalle+)* versieben und mit der kalten Butter, dem Ei, Salz und der abgeriebenen Zitronenschale rasch zu einem Teig verarbeiten.

Im Kühlschrank ½ Stunde rasten lassen.

Zubereitung Apfelfülle:

Äpfel schälen, entkernen, klein schneiden *(etwa 750 g Apfelstücke)*.

Die Apfelstücke in einen Topf geben, gemeinsam mit den Rosinen, der Zitronenschale, dem Zitronensaft, dem Zimt und dem *Stevia* flüssig vermengen und weich dünsten. – Anschließend auskühlen lassen.

Kuchen

47,5 BE 49 KHE 49,5 BW

Zubereitung Apfelkuchen:

Mit zwei Drittel des Mürbteigs eine hohe ovale Auflaufform *(ca. 37 x 25 cm)* auslegen, damit Boden und Rand bedeckt sind.

Die Biskotten in einen Tiefkühlbeutel geben und vorsichtig zerbröseln. Diese Brösel gemeinsam mit den Nüssen unter die ausgekühlte Apfelmasse mengen und auf dem Mürbteig verteilen.

Eidotter mit dem *flüssigen Stevia* verrühren und den Teigrand damit bestreichen.

Aus dem letzten Drittel Mürbteig einen Deckel herstellen und auf die Apfelfülle legen.

Mit einer Gabel den Rand fest zusammendrücken und mit dem restlichen Eidotter-*Stevia*-Gemisch bestreichen.

Mit der Gabel kann man noch ein Muster in den „Mürbteig-Deckel" gravieren.

Im Backrohr bei 180° C etwa 45 – 50 Minuten backen.

Serviervorschlag:

Anstelle des *„eubiotica"* **Stevia Granulats** können auch ohne Qualitätsverlust *„natusweet"* **Kristalle+** und die anderen *„natusweet"*-**Produkte** verwendet werden!

Kuchen

Marillenkuchen

Zutaten:
- 300 g Marillen (ohne Kerne)
- 200 g Butter oder Margarine, weich
- 3 Eier
- 1 EL *Stevia Granulat*
- Mark von 1 Vanilleschote
- 250 g cremiges Joghurt
- 300 g Dinkelvollkornmehl
- 2 TL Backpulver, gehäuft
- 2 EL *Stevia Granulat*
- 1 – 2 EL Wasser (bei Bedarf)
- 70 g Marillenmarmelade mit *Stevia*

Zubereitung:

Marillen waschen, halbieren und entkernen.

Weiche Butter mit den Eiern und 1 EL *Stevia Granulat* *(oder „natusweet" Kristalle+)* verrühren.

Das Mark der Vanilleschote und das Joghurt vorsichtig unterrühren.

Mehl mit dem Backpulver und *Stevia Granulat* *(oder „natusweet" Kristalle+)* versieben und löffelweise unter die Butter-Ei-Masse rühren.

Bei Bedarf 1 – 2 EL Wasser dazugeben.

Entweder ein Backblech mit Butter ausschmieren und mit Mehl bestäuben oder mit Backpapier auslegen.

Kuchen

34 BE   34 KHE   34 BW

Den Teig gleichmäßig darauf verteilen und mit den vorbereiteten Marillen *(Schnittfläche nach oben)* belegen. Die Früchte leicht in den Teig drücken.

Im vorgeheizten Backrohr bei 170° C zirka eine Stunde backen.

Kuchen auskühlen lassen.

Anschließend die Marmelade erwärmen und die Marillen auf dem Kuchen damit bestreichen.

TIPP:
Man kann auch andere Früchte wie Pfirsiche, Zwetschken, Kirschen und anderes Kernobst verwenden.

Anstelle des *„eubiotica"* **Stevia Granulats** kannen auch ohne Qualitätsverlust *„natusweet"* **Kristalle+** verwendet werden!

Kuchen

Zwetschken-Blech-kuchen *(zubereitet mit Germteig)*

Zutaten:

480 g glattes Mehl
1 Pkg. Trockengerm
½ Zitrone und davon die abgeriebene Zitronenschale
100 g Butter
350 ml Milch
4 TL *Stevia Granulat*
Prise Salz
2 Eier
700 g Zwetschken
1 EL Zimt
¼ TL *Stevia Granulat*

Zubereitung:

Mehl mit Trockengerm, abgeriebener Zitronenschale in einer Schüssel vermischen.

Butter am Herd langsam schmelzen, ohne dass sie braun wird.

Milch, *Stevia Granulat (oder „natusweet" Kristalle+)* und Salz unterrühren. In das lauwarme Gemisch die zwei ganzen Eier untermengen und fest verrühren.

Alles in einer Schüssel mit dem Knethaken zuerst auf kleinster Stufe, danach auf höchster Stufe mindestens 5 Minuten fest schlagen, bis sich der weiche, geschmeidige Teig gut vermischt hat.

Kuchen

40 BE   43 KHE   40,5 BW

Anschließend an einem warmen Ort etwa 1 ½ – 2 Stunden gehen lassen.

Masse auf einem befetteten Backblech oder auf einem mit Backpapier ausgelegten Blech verteilen und nochmals gehen lassen.

Zwetschken halbieren und gleichmäßig auf dem Teig verteilen *(Schnittfläche nach oben)*.

Im vorgeheizten Backrohr zuerst 10 Minuten bei ca. 180° C backen.

In der Zwischenzeit Zimt mit dem **Stevia Granulat (oder *„natusweet" Kristalle+*)** vermischen und vorsichtig auf die Zwetschken sieben.

Das Backohr auf 160° C zurückdrehen und den Kuchen noch 15 – 20 Minuten fertig backen.

Anstelle des *„eubiotica"* **Stevia Granulats** kann auch ohne Qualitätsverlust *„natusweet"* **Kristalle+** verwendet werden!

Kuchen

Orangen-Öl-Kuchen

Zutaten:

4 Eiklar
½ TL *Stevia Granulat*

4 Eidotter
2 EL *Stevia Granulat*
geriebene Schale von 1 Zitrone
1 mittelgroße Orange oder Mandarinen *(aus der Dose: Stücke und Saft davon)*
⅛ l Rapsöl
Rum-Aroma
250 g Dinkelmehl
½ Pkg. Backpulver

Fett und Mehl für die Form

Zubereitung:

Eiklar mit ½ TL *Stevia Granulat (oder „natusweet" Kristalle+)* zu steifem Schnee schlagen.

Dotter mit 2 EL *Stevia Granulat (oder „natusweet" Kristalle+)* und der abgeriebenen Zitronenschale dick-schaumig rühren.

Orangen oder Mandarinen vorbereiten und Saft auspressen bzw. bei Produkten aus der Dose Saft auffangen. Diesen mit dem Rapsöl und dem Rum-Aroma gut vermengen und zu den Dottern geben.

Kuchen

18 BE   18 KHE   17 BW

Mit dem Mixer auf höchster Stufe etwa 5 Minuten schlagen.

Mehl mit dem Backpulver versieben und zusammen mit dem Eischnee und den Orangen/Mandarinen vorsichtig vermengen.

Den Teig in eine befettete und bemehlte Kastenform füllen und im vorgeheizten Backrohr bei 170° C etwa 40 – 45 Minuten backen.

Serviervorschlag:

Anstelle des **„eubiotica" Stevia Granulats** kann auch ohne Qualitätsverlust **„natusweet" Kristalle+** verwendet werden!

Kuchen

Orangen-Topfen-Kuchen

Zutaten:

40 g Butter
4 TL *Stevia Granulat*
2 Eidotter
500 g Topfen
80 g Grieß
1 TL Backpulver
½ Zitrone
   (Zitronensaft und geriebene Schale der ½ Zitrone)
2 EL Wasser
2 Eiklar
¼ TL *Stevia Granulat*
500 g frische Orangen oder 2 Dosen Mandarinen/Orangen, je 300 g, ohne Zuckerzusatz

Fett für die Form

Zubereitung:

Butter mit **Stevia Granulat** *(oder „natusweet" Kristalle+)* und Eidotter verrühren.

Der Reihe nach Topfen, Grieß, Backpulver, Zitronensaft, geriebene Zitronenschale und Wasser unterrühren.

Eiklar mit ¼ TL **Stevia Granulat** *(oder „natusweet" Kristalle+)* zu festem Schnee schlagen.

Kuchen

9 BE   9 KHE   10 BW

Frische Orangen in kleine Stücke schneiden oder mit den Mandarinen aus der Dose ebenso verfahren.

Zuerst die Orangenstücke unter die Masse heben, dann vorsichtig den Eischnee.

Eine befettete Springform *(24 cm)* füllen und bei 180° C etwa 50 – 55 Minuten backen.

Serviervorschlag:

Anstelle des *„eubiotica"* **Stevia Granulats** kann auch ohne Qualitätsverlust *„natusweet"* **Kristalle+** verwendet werden!

Kuchen

Buttermilch-Öl-Kuchen

Zutaten:

125 ml Rapsöl
4 Eier
4 TL *Stevia Granulat*
250 ml Buttermilch
Mark von einer Vanilleschote
250 g QimiQ
1 Pkg. Backpulver
5 TL *Stevia Granulat*
250 g Dinkelmehl

Butter und Mehl für die Form

Zubereitung:

Rapsöl mit den ganzen Eiern und 4 TL *Stevia Granulat (oder „natusweet" Kristalle+)* schaumig rühren.

Anschließend die zimmerwarme Buttermilch, das Vanillemark und QimiQ unterrühren.

Das Backpulver mit dem *Stevia Granulat (oder „natusweet" Kristalle+)* und dem Mehl gut vermischen und auf die Eimasse sieben.

Kuchen

18,5 BE   19 KHE   18 BW

Auf kleiner Stufe mit dem Mixer kurz abmischen.

Die Masse in die vorbereitete, befettete und bemehlte Form füllen.

Den Kuchen bei 160° C etwa 50 – 55 Minuten backen.

Serviervorschlag:

Anstelle des „**eubiotica**" **Stevia Granulats** kann auch ohne Qualitätsverlust „*natusweet*" **Kristalle+** verwendet werden!

Kuchen

Marmorkuchen

Zutaten Mürbteig:
- 4 Eiklar
- 1 Pkg. Vanillezucker (kann auch durch ½ TL *Stevia Granulat* und Vanillearoma ersetzt werden)
- 200 g Margarine oder Butter
- 1 EL *Stevia Granulat*
- 4 Eidotter
- 400 g Mehl
- 3 EL *Stevia Granulat*
- 1 Pkg. Backpulver
- 200 ml Milch
- 2 EL Kakaopulver (eventuell noch *Stevia Granulat* nach Belieben)
- 100 ml Milch
- 2 TL *Stevia Granulat*

Zubereitung Mürbteig:

Eiklar mit Vanillezucker zu Schnee schlagen.

Margarine, *Stevia Granulat* (oder „natusweet" Kristalle+) und Dotter verrühren.

Mehl und *Stevia Granulat* (oder „natusweet" Kristalle+) mit Backpulver und Milch portionsweise untermischen.

Schnee unterheben.

⅔ des Teigs in eine Kasten- oder Kuchenform füllen.

Kuchen

28 BE   28 KHE   27 BW

Das Kakaopulver mit 100 ml Milch, dem **Stevia Granulat (oder „natusweet" Kristalle+)** und dem restlichen Drittel des Teiges vermengen.

Nach Belieben mit **Stevia Granulat (oder „natusweet" Kristalle+)** nachsüßen.

Ebenfalls in die Backform geben.

Mit der Gabel Marmormuster herstellen.

Im vorgeheizten Backofen bei 180° C etwa 40 – 50 Minuten backen.

... für's Kaffeekränzchen

Anstelle des **„eubiotica" Stevia Granulats** kann auch ohne Qualitätsverlust **„natusweet" Kristalle+** verwendet werden!

Kuchen

Nuss-Öl-Kuchen

Zutaten Mürbteig:

4 Eiklar
½ TL *Stevia Granulat*
4 Eidotter
3 TL *Stevia Granulat*
175 ml Wasser
150 ml Öl
250 g Mehl
1 Pkg. Backpulver
2 TL *Stevia Granulat*
125 g geriebene Haselnüsse
 (möglich auch mit Kochschokoladestücken)

Zubereitung Mürbteig:

Die vier Eier in Dotter und Klar trennen.

Eiklar mit ½ TL *Stevia Granulat (oder „natusweet" Kristalle+)* zu steifem Schnee schlagen.

3 TL *Stevia Granulat (oder „natusweet" Kristalle+)*, Wasser, Dotter und Öl cremig rühren.

Mehl mit Backpulver und 2 TL *Stevia Granulat (oder „natusweet" Kristalle+)* mischen. Die Hälfte davon zur Dottermasse geben und auf leichter Stufe schlagen.

Kuchen

	🇦🇹	🇩🇪	🇨🇭
mit Haselnüssen:	17 BE	18 KHE	16 BW
mit Kochschokolade:	23 BE	24 KHE	23 BW

Halbe Eischneemasse unterheben und die zweite Hälfte Mehl-Gemisch langsam unterrühren.

Die zweite Hälfte der Eischneemasse und die Nüsse vorsichtig unterheben.

Fertige Masse in eine befettete Kranz- oder Gugelhupfform geben und bei 180° C etwa 50 Minuten backen.

... für genussvolle Abende!

Anstelle des *„eubiotica"* **Stevia Granulats** kann auch ohne Qualitätsverlust *„natusweet"* **Kristalle+** verwendet werden!

Strudel

Apfelstrudel

Zutaten:

700 g Äpfel
3 EL geriebene Walnüsse
2 EL Zimt
1 EL Zitronensaft
1 EL **Stevia flüssig**

2 Lagen Blätterteig (fertig gekauft oder selbst zubereitet)

1 EL Butter
4 EL Semmelbrösel (Semmelbrösel in 1 EL Butter rösten)
60 g Rosinen
1 Ei

Zubereitung:

Äpfel schälen, vom Kerngehäuse befreien, klein schneiden oder fein hobeln.

Die Apfelstückchen anschließend in einer Pfanne mit den Nüssen, dem Zimt, dem Zitronensaft und dem *flüssigem Stevia* vermengen und etwa 10 Minuten auf kleiner Stufe bissfest dünsten.

Auskühlen lassen und in der Zwischenzeit den fertigen, rechteckigen Blätterteig auf dem Backpapier ausrollen.

Auf dem Teig die kurz in Butter gerösteten Brösel verteilen.

Strudel

25 BE   27 KHE   31,5 BW

Die überkühlte Apfelmasse gleichmäßig darauf verteilen und mit den Rosinen bestreuen.

Auf der kürzeren Seite etwa zwei Zentimeter umschlagen und leicht festdrücken.

Den Strudel vorsichtig mit Hilfe des Backpapiers entlang der langen Seite einrollen.

Beide Strudel zusammen auf einem Backpapier auf das Blech legen und mit dem verquirlten Ei bestreichen.

Im vorgeheizten Backohr bei 180° C etwa 30 – 40 Minuten backen.

Genuss nicht nur in der kalten Jahreszeit:

Anstelle von *„eubiotica"* können auch ohne Qualitätsverlust die *„natusweet"*-**Produkte** verwendet werden!

Strudel

Marillen-Topfen-Strudel

11,5 BE 13 KHE 10,5 BW

Zutaten:

300 g Marillen, klein geschnitten
30 g Butter
1 Ei
2 TL *Stevia Granulat*
250 g Topfen
1 TL *Stevia Granulat*
1 Pkg. Blätterteig 240 g
1 Ei zum Bestreichen

Zubereitung:

Feste Marillen entkernen und in kleine, würfelige Stücke schneiden.

Weiche Butter mit dem ganzen Ei und dem *Stevia Granulat* (oder „natusweet" Kristalle+) schaumig rühren.

Topfen und *Stevia Granulat* (oder „natusweet" Kristalle+) einrühren.

Anschließend die Topfenmasse auf dem vorbereiteten, ausgerollten Blätterteig verteilen.

Auf der Fülle die Marillenstücke verteilen, den Strudel einrollen und mit der Gabel oben ein paar Mal anstechen.

Zum Schluss den Strudel entweder auf ein vorbereitetes, befettetes Backblech oder auf Backpapier legen und mit dem Ei bestreichen.

Das Backrohr vorheizen.

Dann den Strudel bei 180° C etwa 45 Minuten backen.

Besonders köstlich mit „Wachauer Marillen"!

Anstelle des „*eubiotica*" *Stevia Granulats* kann auch ohne Qualitätsverlust „*natusweet*" *Kristalle+* verwendet werden!

Strudel

Waldviertler Strudel
Mohn und Nuss

mit Mohnfülle: 18 BE 21 KHE 22 BW
mit Nussfülle: 18 BE 21 KHE 21 BW

Zutaten:

Teig:
500 g Erdäpfel *(mehlig)*
200 g Dinkelvollkornmehl
3 TL *Stevia Granulat*
1 Ei

Mohnfülle:
200 g Mohn *(gemahlen)*
1 TL *Stevia Granulat*
150 ml Milch
1 TL *Stevia flüssig*
60 g Butter
2 EL Hollunderbeeren-Marmelade mit *Stevia* gesüßt
(wahlweise Zwetschken- oder Brombeermarlelade mit Stevia)
2 EL Rum
1 TL Zimt
1 MSP gemahlene Nelken

Nussfülle:
250 g Walnüsse *(gerieben)*
2 TL *Stevia Granulat*
220 ml Milch
1 TL *Stevia flüssig*
1 EL Rum
Mark von ½ Vanilleschote
geriebene Zitronenschale

Zubereitung:

Erdäpfel kochen, schälen und noch warm durch die Erdäpfelpresse drücken. Mehl mit dem *Stevia Granulat (oder „natusweet" Kristalle+)* gut vermengen. Rasch mit den passierten Erdäpfeln und dem Ei zu einem Teig verkneten.

Mohnfülle: Mohn mit *Stevia Granulat (oder „natusweet" Kristalle+)* gut vermischen. Milch mit *Stevia flüssig* und Butter aufkochen. Mohn einrühren und etwa 10 Minuten kochen. Danach Marmelade, Rum, Zimt und Nelken einrühren.

Nussfülle: Nüsse mit *Stevia Granulat (oder „natusweet" Kristalle+)* gut vermischen. Milch aufkochen und mit dem *Stevia flüssig*, Rum, Mark, der Vanilleschote und abgeriebener Zitronenschale gut verrühren.

Erdäpfelteig auf einem Backpapier rechteckig auswalken und mit Fülle bestreichen. Mit Hilfe des Backpapiers so eng wie möglich zusammenrollen. An den Enden den Teig fest zusammendrücken *(Fülle darf nicht mehr zu sehen sein)* und an der Oberfläche ein paar Mal mit der Gabel anstechen.

Mit dem Backpapier auf das Blech legen.
Im vorgeheizten Backrohr bei 200° C etwa 30 Minuten backen.

Strudel innerhalb von drei Tagen aufbrauchen!

Anstelle des *„eubiotica"* Stevia Granulats können auch ohne Qualitätsverlust *„natusweet"* Kristalle+ und die anderen *„natusweet"*-Produkte verwendet werden!

Strudel

Beeren-Topfen-Strudel

Zutaten:

2 Eiklar
½ TL *Stevia Granulat* (für den Eischnee)
3 Eidotter
4 TL *Stevia Granulat*
Mark von ½ Vanilleschote
500 g Topfen
250 g QimiQ
1 Pkg. Puddingpulver (Waldbeere)
250 g frische Beeren (*Himbeeren, Erdbeeren, Brombeeren*)
2 Pkg. frischer Strudelteig
1 Eiklar zum Bestreichen
6 Tropfen *Stevia flüssig*

Zubereitung:

Eiklar mit ½ TL *Stevia Granulat* **(oder „natusweet" Kristalle+)** zu festem Schnee schlagen.

Eidotter mit dem *Stevia Granulat* **(oder „natusweet" Kristalle+)** und dem Mark aus der Vanilleschote vermischen und schaumig schlagen.

Topfen, QimiQ und Puddingpulver unterrühren und den Eischnee gemeinsam mit den Beeren vorsichtig unter die Masse heben.

Strudel

20,5 BE 21 KHE 18,5 BW

Auf dem Strudelteig die Masse gleichmäßig verteilen, einrollen und mit der Gabel mehrmals anstechen.

Auf ein mit Backpapier ausgelegtes Backblech legen.

Das letzte Eiklar mit den **Stevia Tropfen** vermischen und den Strudel damit einpinseln.

Im vorgeheizten Backrohr bei 170° C etwa 45 – 50 Minuten backen.

Besonders geschmackvoll, wenn man noch frische Brombeeren dazu serviert:

TIPP:
Frische Früchte dazu serviert, verleihen diesem Strudel eine ganz besondere Note!

Anstelle des „*eubiotica*" **Stevia Granulats** können auch ohne Qualitätsverlust „*natusweet*" **Kristalle+** und die anderen „*natusweet*"-**Produkte** verwendet werden!

Strudel

Milchrahmstrudel

Zutaten:

Überguss:
200 ml Milch
1 TL *Stevia flüssig*
2 Blatt fertiger Strudelteig

Füllung:
4 Semmeln *(altbacken)*
¼ l Milch
60 g Butter
Prise Salz
1 TL Zimt
abgeriebene Schale von
　½ Zitrone
Mark von ½ Vanilleschote
1 EL *Stevia Granulat*
2 Eidotter
¼ TL *Stevia Granulat*
75 g Topfen
75 g Sauerrahm
2 Eiklar
1 TL *Stevia Granulat*
1 EL Butter zum Bestreichen
　(zerlassen)
50 g Rosinen
　(in Rum eingelegt)

Zubereitung:

Für den Guss die Milch mit dem Eidotter und dem *Stevia flüssig* gut verrühren.

Semmeln in kleine Würfel schneiden und in Milch einweichen.

Butter mit dem Salz, dem Zimt, der Zitronenschale, dem Mark der Vanilleschote und dem *Stevia Granulat (oder „natusweet" Kristalle+)* verrühren.

Anschließend Dotter, ¼ TL *Stevia Granulat (oder „natusweet" Kristalle+)* und Topfen löffelweise unterheben.

Eingeweichte Semmeln mit dem Sauerrahm und der Masse vermengen.

Eiklar zuerst halbfest und dann mit dem *Stevia Granulat (oder „natusweet" Kristalle+)* steif schlagen.

Vorsichtig unter die Masse heben.

Strudel

16 BE **18 KHE** **12 BW**

Ein Strudelblatt entweder auf ein Backpapier oder ein feuchtes Geschirrtuch legen und mit zerlassener Butter bestreichen.

Ein Viertel der Masse in der Mitte verteilen.

25 g Rosinen, in Rum getränkt, gleichmäßig darauf verteilen.

Seitliche Ränder mit zerlassener Butter bestreichen und umschlagen.

Nun den Strudel mit Hilfe des Backpapiers bzw. des Tuchs einrollen und in die vorbereitete, befettete Form geben.

Einen zweiten Strudel formen und in die Form legen.

Beide Strudel mit Butter bestreichen und ein Drittel vom Guss darüber verteilen.

Im vorgeheizten Backrohr bei 160° C etwa 60 – 70 Minuten backen.

Nach 20 bzw. 40 Minuten im Backrohr den restlichen Guss über die Strudel gießen.

Anstelle des *„eubiotica"* **Stevia Granulats** können auch ohne Qualitätsverlust *„natusweet"* **Kristalle+** und die anderen *„natusweet"*-**Produkte** verwendet werden!

Torten

Erdbeer-QimiQ-Torte

Zutaten Biskuitboden:
3 Eiklar
¼ TL *Stevia Granulat*
3 Eidotter
2 TL *Stevia Granulat*
3 EL lauwarmes Wasser
60 g glattes Mehl
½ TL Backpulver
1 Msp. Johannisbrotkernmehl *(Biobin oder Vegabin)*

Topfen-QimiQ-Fülle:
250 ml Schlagobers
½ TL *Stevia Granulat*
500 g Topfen
250 g QimiQ mit Vanille
1 ½ TL *Stevia Granulat*

Belag:
etwa 600 g Erdbeeren
3 Pkg. Tortengelee rot
1 ½ TL *Stevia Granulat*
½ l Wasser

Zubereitung des Tortenbodens:

Eier in Dotter und Klar trennen.

Eiklar mit ¼ TL *Stevia Granulat* *(oder „natusweet" Kristalle+)* zu sehr steifem Schnee schlagen.

Eidotter mit 2 TL *Stevia Granulat* *(oder „natusweet" Kristalle+)* schaumig schlagen und die
3 EL lauwarmes Wasser löffelweise unter die Dottermasse schlagen.

Das Mehl mit dem Backpulver und dem Biobin vermengen und langsam löffelweise unter das Dottergemisch rühren *(Teig kann etwas am Mixer kleben)*.

Nun den Eischnee vorsichtig unterheben und in die vorbereitete *(mit Butter ausgeschmierte und mit Mehl bestäubte)* Tortenform füllen.

Torten

11 BE   12 KHE   10,5 BW

Entweder eine 28-cm-Tortenform oder eine Blumenform nehmen. *(Die Blumenform hat den Vorteil, dass man 6 schöne Herzen herausschneiden kann.)*

Im vorgeheizten Backohr etwa 10 Minuten bei 180° C backen, bis der Teig Farbe annimmt.

In der Form auskühlen lassen.

Topfen-QimiQ-Zwischenschicht:

Schlagobers mit ½ TL **Stevia Granulat** *(oder „natusweet" Kristalle+)* fest schlagen. Danach den Topfen mit dem QimiQ und 1 ½ TL **Stevia Granulat** *(oder „natusweet" Kristalle+)* glatt rühren.

Das geschlagene Obers vorsichtig unterheben und die Masse etwa ½ Stunde in den Kühlschrank stellen.

Nun die Masse auf dem Biskuitboden verteilen und mit den Erdbeeren belegen. Am besten sind kleine Erdbeeren *(große Erdbeeren halbieren oder vierteln)*.

Tortengelee mit 1 ½ TL **Stevia Granulat** *(oder „natusweet" Kristalle+)* in ½ Liter kaltem Wasser auflösen und unter ständigem Rühren zum Kochen bringen.

Vom Herd nehmen und abkühlen lassen. Noch lauwarm löffelweise über den Erdbeeren verteilen und erkalten lassen.

Nachdem das Gelee fest ist, kann man die Torte vorsichtig aus der Form nehmen.

Serviervorschlag zum Beispiel für den Muttertag:

TIPP:
Besonders schönes Geschenk etwa für den Muttertag (siehe Beschreibung der Blumenform und der Abbildungen!)

Anstelle des **„eubiotica" Stevia Granulats** kann auch ohne Qualitätsverlust **„natusweet" Kristalle+** verwendet werden!

Torten

Brombeertorte

Zutaten Teigboden:

3 Eiklar
¼ TL *Stevia Granulat*
3 Eidotter
2 TL *Stevia Granulat*
1/8 l Wasser
100 g Dinkelmehl
20 g griffiges Mehl
1 TL Backpulver
2 TL *Stevia Granulat*

Zutaten Torte:

400 g Brombeeren
250 g Joghurt *(cremig)*
330 g QimiQ
160 g Topfen
Mark von ¼ Vanilleschote
4 TL *Stevia flüssig*
250 g Schlagobers
¼ TL *Stevia Granulat*
1 Pkg. Sahnestreif
12 Stück Brombeeren zum Verzieren

Zubereitung:

Eier in Eiklar und Dotter trennen.

Eiklar mit ¼ TL *Stevia Granulat* *(oder „natusweet" Kristalle+)* steif schlagen.

Eidotter und *Stevia Granulat* *(oder „natusweet" Kristalle+)* mit dem lauwarmen Wasser schaumig rühren.

Mehl mit dem Backpulver und dem *Stevia Granulat* *(oder „natusweet" Kristalle+)* vermischen und gemeinsam auf die Masse sieben. Dann den Eischnee vorsichtig unterheben.

Nun alles in eine vorbereitete Springform *(26 cm)* füllen und im vorgeheizten Backrohr bei 170° C etwa 15 – 20 Minuten backen.

Torten

13 BE   14 KHE   13,5 BW

In der Form auskühlen lassen.

Brombeeren waschen.

Anschließend Joghurt mit QimiQ und Topfen gut vermischen.

Das Mark der Vanilleschote und das *flüssige Stevia* vorsichtig einrühren.

Schlagobers mit ¼ TL **Stevia Granulat (oder „natusweet" Kristalle+)** steif schlagen und vorsichtig unter die Topfen-QimiQ-Masse heben.

Auf dem Tortenboden das Sahnesteif gleichmäßig verteilen und ⅓ der Topfen-Masse draufgeben.

Von der Mitte bis 2 Zentimeter zum Rand die Brombeeren verteilen und mit der restlichen Masse bedecken.

Mindestens 2 Stunden in den Kühlschrank stellen *(über Nacht wäre besser)*.

Die Torte vorsichtig aus der Form nehmen, 12 Stück Brombeeren am Rand verteilen, portionieren und servieren.

Besonders fruchtig und für besondere Gäste:

Anstelle des *„eubiotica"* **Stevia Granulats** können auch ohne Qualitätsverlust *„natusweet"* **Kristalle+** und die anderen *„natusweet"*-**Produkte** verwendet werden!

Torten

Heidelbeer-Topfen-Torte

Zutaten:
500 g Topfen
250 g QimiQ
4 Eier
3 EL *Stevia Granulat*
1 Pkg. Puddingpulver
   (Vanille)
250 g Heidelbeeren
   (oder andere Beeren nach Wahl)

Zubereitung:

Topfen, QimiQ, Eier und *Stevia Granulat (oder „natusweet" Kristalle+)* gut verrühren.

Danach das Puddingpulver vorsichtig einrühren.

Eine Springform *(20 cm)* einfetten.

Die Hälfte der Topfenmasse einfüllen und die gewaschenen Beeren gleichmäßig, aber nicht bis an den Rand verteilen.

Nun die restliche Masse darauf verteilen und glattstreichen.

Den Kuchen bei 160° C etwa 1 Stunde backen.

Gut auskühlen lassen und dann erst vorsichtig aus der Form nehmen.

Torten

🇦🇹 5 BE   🇩🇪 5 KHE   🇨🇭 6 BW

Serviervorschlag:

TIPP:
Man kann auch andere Beerenfrüchte je nach Saison und Geschmack verwenden!

Anstelle des **„eubiotica" Stevia Granulats** kann auch ohne Qualitätsverlust ***„natusweet"* Kristalle+** verwendet werden!

Torten

Zitronen-Joghurt-Torte

Zutaten:

¼ l Wasser
2 TL *Stevia flüssig*
1 Zitrone
½ Pkg. Kinder-Biskotten (etwa 20 Stück)
60 g Butter
30 Tropfen *Stevia flüssig*
¼ l Schlagobers
½ TL *Stevia Granulat* (für das Schlagobers)
500 g Joghurt, cremig
3 TL *Stevia Granulat*
abgeriebene Schale von 1 Zitrone
6 Blatt Gelatine
Saft von 1 Zitrone
2 TL *Stevia flüssig*
Marmelade (zubereitet mit Stevia – zum Bestreichen, z. B. Himbeere, Brombeere usw.)
1 Pkg. weißes Tortengelee
1 TL *Stevia flüssig*

Zubereitung:

Am Vortag ¼ Liter Wasser mit den Stevia Tropfen vermischen und erhitzen.

Zitrone in hauchdünne Scheiben schneiden und 10 – 15 Minuten darin kochen. Anschließend vom Herd nehmen und über Nacht im *Stevia*-Wasser ziehen lassen.

Die Biskotten in ein Sackerl geben und darin zerbröseln.

Die Brösel mit der Butter und den *Stevia Tropfen* vermengen und diese Masse in eine 22 cm Springform drücken. Den Boden mit der Form in den Kühlschrank stellen.

Torten

10 BE 11 KHE 12 BW

Schlagobers mit ½ TL **Stevia Granulat** *(oder „natusweet" Kristalle+)* steif schlagen.

Joghurt mit dem **Stevia Granulat** *(oder „natusweet" Kristalle+)* und der abgeriebenen Zitronenschale verrühren.

Gelatine in kaltem Wasser einweichen und danach im erwärmten Zitronensaft auflösen.

Nun die Gelatine und das *flüssige Stevia* mit dem Zitronensaft unter das Joghurt rühren und das Schlagobers vorsichtig unterheben.

Himbeermarmelade gleichmäßig auf dem Tortenboden verteilen und die Joghurt-Masse daraufstreichen.

Im Kühlschrank für mindestens 4 Stunden kalt stellen.

Das **Stevia-Wasser,** in welchem die Zitronenscheiben gekocht wurden, für das Tortengelee verwenden *(in ein Glas abseihen).* Mit Wasser auf 250 ml auffüllen und in einen Topf geben, zum Kochen bringen und *flüssiges Stevia* dazugeben.

Zum Schluss die Torte mit den dünnen Zitronenscheiben belegen und mit dem Tortengelee bedecken.

Fruchtige Torte, wobei man auch Orangen verwenden kann:

Achtung:
Die Tortencreme muss sehr fest sein und das flüssige Tortengelee darf nur noch lauwarm sein. Ansonsten wird das Gelee nicht klar, sondern vermischt sich mit der Joghurt-Creme.

Anstelle des *„eubiotica"* **Stevia Granulats** können auch ohne Qualitätsverlust *„natusweet"* **Kristalle+** und die anderen *„natusweet"*-**Produkte** verwendet werden!

Torten

Karottentorte

Zutaten:
250 g Karotten
2 EL Kirschwasser
2 TL *Stevia flüssig*
4 Eiklar
½ TL *Stevia Granulat*
20 g Dinkelmehl
1 TL Johannisbrot-
   kernmehl *(Vegabin
   oder Biobin)*
1 ½ TL Backpulver
80 g geriebene Mandeln
80 g geriebene Hasel-
   nüsse
1 TL Zimt
Prise Nelkenpulver
Prise Salz
2 TL *Stevia Granulat*
40 g Semmelbrösel
4 Eidotter
2 TL *Stevia Granulat*
1 TL Butter für die Form
griffiges Mehl für die Form
Marillenmarmelade
   (oder Ribiselmarmela-
   de mit Karotten)
   mit *Stevia*

Zubereitung:

Karotten waschen, fein reißen und mit Kirschwasser und 2 TL *Stevia flüssig* vermengen.

Eiklar mit ½ TL *Stevia Granulat (oder „natusweet" Kristalle+)* zu steifem Schnee schlagen.

Dinkelmehl mit Johannisbrotkernmehl, Backpulver, geriebenen Mandeln, geriebenen Haselnüssen, Zimt, Nelkenpulver, Prise Salz, 2 TL *Stevia Granulat (oder „natusweet" Kristalle+)* und Semmelbröseln vermischen.

Torten

5 BE   5 KHE   9 BW

Eidotter mit 2 TL **Stevia Granulat (oder „natusweet" Kristalle+)** schaumig rühren und Karotten beigeben. Die gemischten Trockenzutaten mit dem Eischnee vorsichtig unterheben.

Eine Tortenform mit 20 cm Durchmesser einfetten und bemehlen.

Die Masse einfüllen.

Im vorgeheizten Backohr bei 170° C etwa 50 – 60 Minuten backen.

Nach dem Auskühlen einmal in der Mitte durchschneiden, mit Marillenmarmelade bestreichen und wieder zusammensetzen.

Hervorragender Geschmack, schmeckt ausgezeichnet zu Tee oder Kaffee:

Anstelle des **„eubiotica" Stevia Granulats** können auch ohne Qualitätsverlust **„natusweet" Kristalle+** und die anderen **„natusweet"-Produkte** verwendet werden!

Torten

Erdäpfeltorte

Zutaten:
- 600 g Erdäpfel
- 9 Eiklar
- 2 TL *Stevia Granulat* für das Eiklar
- 9 Eidotter
- 4 TL *Stevia Granulat*
- 100 g geriebene Walnüsse (Variante 2: Mandeln oder Haselnüsse)
- ¼ TL Nelken
- 2 TL Zimt
- 2 TL abgeriebene Orangenschale
- 125 ml Wasser oder Orangensaft ohne Zucker
- 1 TL Butter zum Einfetten der Form
- 2 EL griffiges Mehl für die Form
- 1 Ei zum Bestreichen

Zubereitung:

Erdäpfel in leicht gesalzenem Wasser kochen, schälen, passieren und auskühlen lassen.

Eier in Dotter und Klar trennen.

Aus dem Eiklar zusammen mit 2 TL *Stevia Granulat (oder „natusweet" Kristalle+)* steifen Schnee schlagen.

Die Dotter mit Orangensaft und 4 TL *Stevia Granulat (oder „natusweet" Kristalle+)* schaumig rühren.

Torten

9 BE | **9 KHE** | **13 BW**

Langsam Nüsse und Gewürze *(Nelken, Zimt, Orangenschale)* dazugeben.

Die passierten Erdäpfel mit der Masse vermengen.

In die vorbereitete *(eingefettete und bemehlte)* Tortenform *(26 cm Durchmesser)* geben.

Oben mit einem Ei bestreichen.

Im vorgeheiztem Backrohr bei 180° C etwa 50 Minuten backen.

Die Nüsse verleihen dieser Torte einen besonderen Geschmack:

Die Torte sollte innerhalb von drei Tagen aufgebraucht werden.

Anstelle des **„eubiotica" Stevia Granulats** kann auch ohne Qualitätsverlust **„natusweet" Kristalle+** verwendet werden!

Torten

Malakofftorte

Zutaten:

Creme:
200 ml Milch
Mark von ½ Vanilleschote
½ TL Johannisbrotkernmehl
   (Vegabin oder Biobin)
1 ½ TL *Stevia Granulat*
2 Eidotter
150 g Butter
¼ l Schlagobers
250 g geriebene Mandeln

125 ml Milch
1 EL Rum *(38 %)*
15 Tropfen *Stevia flüssig*
60 Kinder-Biskotten

Garnierung:
¼ l Schlagobers
¼ TL *Stevia Granulat*
1 Pkg. Sahnesteif
8 Biskotten
30 g Mandelblättchen

Zubereitung:

Für die Creme die Milch mit dem Mark aus der Vanilleschote, dem Johannisbrotkernmehl und dem *Stevia Granulat (oder „natusweet" Kristalle+)* kurz aufkochen und die Eidotter einrühren.

In der Auskühlphase mehrmals umrühren.

In der Zwischenzeit die Butter schaumig rühren und die überkühlte, fest werdende Masse langsam unterrühren.

Das ungeschlagene Schlagobers vorsichtig einrühren. Zum Schluss die geriebenen Mandeln unterheben.

Die Milch mit dem Rum und den *Stevia Tropfen* vermischen.

Biskotten eintauchen und den Boden und den Rand einer 26 cm Springform damit auslegen.

Torten

Die Torte für besondere Gäste und für besondere Anlässe:

22 BE   26 KHE   25 BW

Anschließend Creme und Biskotten abwechselnd in die Form füllen. Mit Biskotten abschließen.

Die Torte mit Alufolie bedecken und im Kühlschrank mindestens zwei Stunden durchziehen lassen, am besten aber über Nacht.

Für die Garnierung Schlagobers mit **Stevia Granulat** *(oder „natusweet" Kristalle+)* und Sahnesteif fest schlagen.

Die Torte vorsichtig aus der Form nehmen und oben mit einer Schicht Schlagobers überziehen.

TIPP:
Man kann die Rosetten (Mandelblättchen und Biskotten) auch weglassen und die Biskotten am Rand sichtbar lassen.

Einen Spritzsack mit Schlagobers füllen und 16 kleine Rosetten auf den Rand spritzen. In jede Rosette eine halbe Biskotte stecken und mit Mandelblättchen bestreuen.

Man kann auch noch in jede Rosette ein **Zitronenmelissenblatt** geben.

Anstelle des *„eubiotica"* **Stevia Granulats** können auch ohne Qualitätsverlust *„natusweet"* **Kristalle+** und die anderen *„natusweet"*-**Produkte** verwendet werden!

Torten

Apfelcremetorte *(ohne backen)*

Zutaten:

Creme I:
3 kleine Äpfel *(säuerlich)*
2 TL *Stevia flüssig*
250 g QimiQ
350 ml Milch
2 TL *Stevia Granulat*
1 Pkg. Pudding „Apfel – Zimt"
   (wahlweise Vanillepudding)

3 Carlsbader Oblatten
   (ungezuckert)
1 Sahnesteif

Creme II:
250 ml Schlagobers
½ TL *Stevia Granulat*
250 g QimiQ mit Vanille

Zimt zum Bestreuen

Zubereitung:

Creme I:

Äpfel schälen, vom Kerngehäuse befreien, fein reiben und mit Hilfe eines Tuches fest auspressen. Anschließend mit dem flüssigen **Stevia** und QimiQ vermengen. Kalte Milch in einem Kochtopf mit **Stevia Granulat** *(oder „natusweet" Kristalle+)* fest verrühren. 8 Esslöffel entnehmen und mit dem Puddingpulver in einer Tasse glatt abrühren. Milch zum Kochen bringen.

Das verrührte Pudding-Milch-Pulver unter ständigem Rühren langsam einmengen und eine Minute kochen lassen. Abkühlen lassen.

Zwei Oblatten in die 24 cm-Springform geben, mit Sahnesteif bestreuen und die Puddingmasse darauf verteilen. Oben mit der dritten Oblatte abschließen und im Kühlschrank fest werden lassen.

Torten

Kalt zubereitete Torte – geeignet für jede Jahreszeit:

10 BE   13 KHE   13 BW

Creme II:

Schlagobers mit dem **Stevia Granulat** *(oder „natusweet" Kristalle+)* vermengen und fest schlagen. QimiQ glatt rühren und vorsichtig das Schlagobers unterheben. Die Masse auf der Torte verteilen und nochmals in den Kühlschrank stellen.

Wenn die Masse fest ist, kann man die Torte vorsichtig aus der Form nehmen und mit etwas Zimt bestreuen.

TIPP:
Der naturtrübe Saft aus den ausgepressten Äpfel ist wunderbar zum Trinken!

Anstelle des *„eubiotica"* **Stevia Granulats** können auch ohne Qualitätsverlust *„natusweet"* **Kristalle+** und die anderen *„natusweet"*-**Produkte** verwendet werden!

Schnitten

Bananenschnitte

Zutaten Biskuit:

4 Eiklar
½ TL **Stevia Granulat**
4 Eidotter
150 ml Wasser
1 TL **Stevia Granulat**
100 g Dinkelmehl
1 Pkg. Schoko-
  puddingpulver
1 TL **Stevia Granulat**
1 TL Backpulver

Zutaten Oberteil:

¼ l Schlagobers
¼ TL **Stevia Granulat**
  (fürs Schlagobers)
2 Pkg. QimiQ Vanille
  (à 250 g)
2 TL **Stevia Granulat**
6 EL Ribiselmarme-
  lade mit *Stevia*
4 mittelgroße
  Bananen
2 EL Bitterkakao
1 TL **Stevia Granulat**

Zubereitung:

Eiklar mit ½ TL **Stevia Granulat** *(oder „natusweet" Kristalle+)* zu steifem Schnee schlagen.

Dotter mit dem Wasser und **Stevia Granulat** *(oder „natusweet" Kristalle+)* vermengen.

Mehl mit dem Puddingpulver, dem **Stevia Granulat** *(oder „natusweet" Kristalle+)* und dem Backpulver vermischen und auf die Eimasse sieben und verrühren.

Vorsichtig den Schnee unterheben.

Schnitten

21,5 BE 21 KHE 22 BW

Die Masse in eine mit Backpapier ausgelegte hohe, rechteckige Auflaufform *(ca. 36 x 25 cm)* füllen.

Im Backrohr bei 170° C etwa 15 Minuten backen.

Aus dem Backrohr nehmen und aus der Form auf ein zweites Backpapier stürzen.

Mit einem feuchten Tuch das Backpapier bestreichen, vorsichtig vom Biskuit lösen, wieder in die hohe Form geben und auskühlen lassen.

Creme:

Das Schlagobers mit ¼ TL *Stevia Granulat (oder „natusweet" Kristalle+)* steif schlagen.

Bis zur weiteren Verwendung kühl stellen.

Nun das QimiQ mit dem *Stevia Granulat (oder „natusweet" Kristalle+)* glatt rühren.

Das geschlagene Obers vorsichtig unterheben.

Oberteil:

Biskuit mit der vorher glatt gerührten Marmelade bestreichen.

Die Bananen in Scheiben schneiden und auf der Marmelade verteilen.

Danach die QimiQ-Masse gleichmäßig verteilen und im Kühlschrank mindestens 2 Stunden fest werden lassen.

Vor dem Servieren die Kakao-*Stevia*-Mischung daraufsieben.

Anstelle des *„eubiotica" Stevia Granulats* kann auch ohne Qualitätsverlust *„natusweet"* Kristalle+ verwendet werden!

Schnitten

Lebkuchenschnitte

Zutaten:

4 Eiklar
¼ TL *Stevia Granulat*
 (für den Eischnee)
4 Eidotter
1 EL Öl
60 ml Wasser
3 TL *Stevia Granulat*
120 g Dinkelmehl
2 TL *Stevia Granulat*
130 g geriebene
 Walnüsse
1 EL Kakao
1 TL Lebkuchen-
 gewürz

Rosinen zum Belegen

Zubereitung:

Eiklar mit dem *Stevia Granulat* *(oder „natusweet" Kristalle+)* zu festem Schnee schlagen.

Eidotter mit Öl, Wasser und dem *Stevia Granulat* *(oder „natusweet" Kristalle+)* verrühren.

Mehl mit *Stevia Granulat* *(oder „natusweet" Kristalle+)*, Nüssen, Kakao und Lebkuchengewürz vermischen und löffelweise mit der Dottermasse vermengen.

Zum Schluss den Eischnee vorsichtig unterrühren.

Schnitten

ohne Rosinen: 8 BE 8 KHE 8 BW

Teig auf eine mit Backpapier ausgelegte, rechteckige Auflaufform *(ca. 32 x 19 cm)* streichen und nach Belieben mit Rosinen verzieren.

Im Backrohr bei 180° C etwa 20 Minuten backen.

Nach dem Auskühlen in größere oder kleine Stücke schneiden.

TIPP:
In kleine Stücke geschnitten, wird die Lebkuchen-Schnitte auch gerne als Weihnachtsbäckerei angeboten!

Anstelle des **„eubiotica" Stevia Granulats** kann auch ohne Qualitätsverlust **„natusweet" Kristalle+** verwendet werden!

Schnitten

Cremeschnitte

Zutaten:

1 Pkg. Blätterteig
250 ml Schlagobers
¼ TL *Stevia Granulat*

Creme Schwarz:

3 TL *Stevia flüssig*
2 TL Kakao
1 EL Milch
250 g QimiQ

Creme Weiß:

1 TL *Stevia flüssig*
250 g QimiQ

Zubereitung:

Den Blätterteig der Länge nach halbieren und auf ein mit Backpapier ausgelegtes Blech geben.

Im vorgeheizten Backrohr bei 200° C etwa 10 Minuten backen.

Auskühlen lassen.

Schlagobers mit ¼ TL *Stevia Granulat* *(oder „natusweet" Kristalle+)* steif schlagen und kühl stellen.

Schnitten

8,5 BE   9 KHE   10 BW

„Schwarze Creme":

Stevia flüssig, Kakao und MIlch vermischen und mit QimiQ glatt rühren.

Die Hälfte des geschlagenen Obers vorsichtig unterheben.

Den Boden von einem hohen Blech *(oder hohem Backrahmen)* mit einer Länge Blätterteig auslegen und die schwarze Creme darauf verteilen.

Anschließend sofort in den Kühlschrank geben.

„Weiße Creme":

Diese Creme erst nach dem Festwerden der scharzen Creme herstellen.

Stevia flüssig mit QimiQ Vanille glatt rühren und mit der zweiten Hälfte des Schlagobers vermengen.

Auf der schwarzen Creme verteilen.

Die zweite Länge Blätterteig in etwa 5 cm breite Streifen schneiden und darauf setzen.

Nochmals in den Kühlschrank geben und warten, bis die weiße Creme fest geworden ist.

> **TIPP:**
> *Man kann diese Schnitte auch nur mit Vanille- oder Schokocreme herstellen. Dann jeweils die doppelte Masse nehmen.*

Anstelle des *„eubiotica"* **Stevia Granulats** können auch ohne Qualitätsverlust *„natusweet"* **Kristalle+** und die anderen *„natusweet"*-Produkte verwendet werden!

Schnitten

Beerenschnitte

🇦🇹 10 BE 🇩🇪 13 KHE 🇨🇭 13 BW

Zutaten:

1 Pkg. Tortengelee *(rot)*
1 TL *Stevia Granulat*
¼ l Wasser
200 g Himbeeren tiefgekühlt *(oder andere Beerenfrüchte)*

Creme:

300 g QimiQ
250 g Joghurt *(cremig)*
abgeriebene Schale von 1 Zitrone
2 TL *Stevia flüssig*
250 ml Schlagobers
½ TL Stevia Granulat

20 Kinderbiskotten

Zubereitung:

Kastenform *(30 cm)* 15 Minuten vorher in das Tiefkühlfach geben. Tortengelee mit dem *Stevia Granulat (oder „natusweet" Kristalle+)* in kaltem Wasser auflösen und unter ständigem Rühren zum Kochen bringen. Etwas abkühlen lassen. Kastenform kurz mit kaltem Wasser ausspülen und das Gelee eingießen. Anschließend die Himbeeren darauf verteilen. Mit Frischhaltefolie die nassen Wände der Kastenform, vom Geleerand bis zum Rand und etwa 6 bis 7 cm Überhang, auskleiden.

Creme: QimiQ, Joghurt, abgeriebene Zitronenschale und 2 TL *Stevia flüssig* fest verrühren. Das Schlagobes mit ½ TL *Stevia Granulat (oder „natusweet" Kristalle+)* fest schlagen und langsam unter die QimiQ-Masse heben. Eine Hälfte der Masse auf den Himbeeren verteilen und eine Schicht Biskotten drauflegen. Dann die zweite Schicht Creme auftragen und mit Biskotten abschließen.

Mit dem Überhang der Frischhaltefolie die Schnitte abdecken und für mindestens eine Stunde in den Kühlschrank geben.

Wenn die Masse fest ist, kann man die Schnitte vorsichtig aus der Form nehmen.

Anstelle des *„eubiotica"* **Stevia Granulats** können auch ohne Qualitätsverlust *„natusweet"* **Kristalle+** und die anderen *„natusweet"*-**Produkte** verwendet werden!

Golatschen

Klassische Rezepte

240 g Blätterteig: 14 BE 15 KHE 13 BW
275 g Blätterteig: 15 BE 16 KHE 14 BW

Zutaten:

1 Pkg. Blätterteig

Fülle I:

150 g QimiQ Vanille
250 g Topfen *(mager)*
1 TL *Stevia flüssig*
20 g Rosinen

Fülle II:

400 g Äpfel (säuerlich)
1 TL *Stevia flüssig*
1 TL Zitronensaft
20 g Rosinen
1 TL Rum

1 Ei zum Bestreichen

Zubereitung:

Fülle I:
QimiQ Vanille, Topfen, 1 TL *Stevia flüssig* und Rosinen gut vermengen.

Fülle II:
Äpfel schälen, Kerngehäuse entfernen, reißen und hobeln, mit *Stevia flüssig* und Zitronensaft beträufeln und gut vermengen. Weich dünsten, Flüssigkeit reduzieren, Rosinen in Rum einweichen und gemeinsam unter die Apfelmasse mischen.

Backofen auf 200° C vorheizen.

Teig in 6 gleich große Quadrate und den Teigrest in 6 rechteckige Streifen schneiden. Die Fülle jeweils in die Mitte setzen und verteilen. Die Ecken nach innen schlagen, festdrücken, mit Ei bestreichen und mit einem Teigstreifen befestigen.

Auf ein mit Backpapier belegtes Blech geben, mit Ei bestreichen und 20 Minuten backen.

TIPP:
Man kann als Fülle auch Marmelade (mit Stevia zubereitet) verwenden.

Anstelle von „*eubiotica*" können auch ohne Qualitätsverlust die „*natusweet*"-Produkte verwendet werden!

Klassische Rezepte
Brösel-Nudeln

15 BE 20 KHE 19 BW

Zutaten:
250 g Dinkel-Vollkorn-Teigwaren
50 g Butter
1 TL *Stevia flüssig*
35 g Brösel
25 g geriebene Walnüsse

Zubereitung:

Leicht gesalzenes Wasser zum Kochen bringen und die Nudeln al dente kochen.

In der Zwischenzeit die Butter langsam zergehen lassen und mit dem *flüssigen Stevia* vermischen.

Danach die Brösel und darin die Nüsse rösten, bis sie Farbe annehmen.

Nun die fertigen Nudeln mit einem Siebschöpfer herausnehmen, sofort darin wälzen und gleich anrichten.

TIPP:
*Die fertigen Nudeln können auch in 100 g Mohn (mit 2 TL **Stevia Granulat** gemischt) geschwenkt und mit zerlassener, mit 2 TL **flüssigem Stevia** gesüßter Butter serviert werden.*

Anstelle des *„eubiotica"* Stevia Granulats können auch ohne Qualitätsverlust *„natusweet"* Kristalle+ und die anderen *„natusweet"*-Produkte verwendet werden!

Klassische Rezepte

Klassische Biskuit-roulade

🇦🇹 6 BE 🇩🇪 7 KHE 🇨🇭 7 BW

Zutaten:

4 große oder 5 kleine Eier

Eiklar und ¼ TL **Stevia Granulat**
Eidotter mit 2 TL **Stevia Granulat**
6 EL lauwarmes Wasser
Mark einer halben Vanilleschote
geriebene Schale von 1 Zitrone
80 g glattes Dinkelmehl
1 TL Backpulver
½ TL Johannisbrotkernmehl
   (Vegabin oder Biobin)
150 g Marillenmarmelade für die Fülle

Zubereitung:

Eier in Dotter und Klar trennen.

Eiklar mit ¼ TL **Stevia Granulat** *(oder „natusweet" Kristalle+)* zu sehr steifem Schnee schlagen.

Eidotter mit 2 TL **Stevia Granulat** *(oder „natusweet" Kristalle+)* schaumig rühren, 6 EL lauwarmes Wasser löffelweise unter die Dottermasse heben und auch das Mark der Vanilleschote unterrühren.

Mehl mit Backpulver und Johannisbrotkernmehl vermengen und langsam löffelweise unter das Dottergemisch rühren *(Teig kann etwas am Mixer kleben)*.

Nun den Eischnee vorsichtig unterheben und auf ein mit Backpapier belegtes Backblech streichen.

Im vorgeheizten Backrohr 10 – 12 Minuten bei 180° C backen, bis der Teig Farbe annimmt.

In der Zwischenzeit ein sauberes Tuch vorbereiten. Auf dieses wird der Teig gestürzt und die Rückseite des Backpapiers mit etwas Wasser eingestrichen.

Danach kann man das Backpapier vorsichtig abziehen, den Teig mit Hilfe des Tuchs noch warm einrollen und auskühlen lassen.

Zum Schluss den wieder ausgerollten Teig mit zum Beispiel selbstgemachter Marillenmarmelade *(oder anderer)* bestreichen und wieder zusammenrollen.

Anstelle des „**eubiotica**" **Stevia Granulats** können auch ohne Qualitätsverlust „**natusweet**" **Kristalle+** und die anderen „**natusweet**"-**Produkte** verwendet werden!

Klassische Rezepte

Hirseauflauf

🇦🇹 26 BE 🇩🇪 28 KHE 🇨🇭 28 BW

Zutaten:
250 g Hirse
650 ml Milch
½ TL Salz
1 TL *Stevia flüssig*

Fülle:
400 g Äpfel
½ Zitrone (Saft und abgeriebene Schale)
2 TL *Stevia flüssig*

30 g Nüsse *(gerieben)*
40 g Rosinen
150 ml Schlagobers
¼ TL *Stevia Granulat* (für das Schlagobers)
250 g QimiQ
1 TL *Stevia Granulat*

25 g Butterstücke für die Form und zum Belegen

Zubereitung:

Die Hirse unter warmem Fließwasser waschen und kurz aufquellen lassen.

Die Milch mit Salz und dem *flüssigem Stevia* verrühren und kurz vor dem Kochen die Hirse dazugeben. Anschließend zugedeckt und bei geringer bis mittlerer Hitze etwa 30 Minuten weich kochen.

In der Zwischenzeit die Äpfel schälen und in feine Scheiben schneiden.

Zitronensaft und Zitronenschale mit dem *flüssigen Stevia* vermischen. Damit die Äpfel nicht braun werden, sofort mit dem Zitronensaft-*Stevia*-Gemisch vermengen.

Danach die geriebenen Nüsse und die Rosinen unterheben.

Nun das Schlagobers mit dem *Stevia Granulat* (oder „natusweet" Kristalle+) steif schlagen. Das QimiQ mit einem TL *Stevia Granulat* (oder „natusweet" Kristalle+) glatt rühren und das geschlagene Obers vorsichtig unterheben.

Zum Schluss die überkühlte Hirse, die Apfel-Nuss-Rosinen-Masse und die QimiQ-Masse miteinander vermischen. Die fertige Masse in eine befettete Auflaufform (ca. 32 x 19 cm) füllen und mit Butterstückchen gleichmäßig belegen.

Im vorgeheizten Backrohr bei 180° C etwa 30 – 40 Minuten goldbraun backen.

Anstelle des „*eubiotica*" Stevia Granulats können auch ohne Qualitätsverlust „*natusweet*" Kristalle+ und die anderen „*natusweet*"-Produkte verwendet werden!

Reisauflauf

Klassische Rezepte

mit Äpfel und Birnen: 25 BE   32,5 KHE   33 BW

Zutaten:

- 1 l Milch
- Prise Salz
- 25 Tropfen *Stevia flüssig*
- Mark ½ Vanilleschote
- abgeriebene Schale von 1 Zitrone
- Rum-Aroma
- 240 g Reis *(Rundkorn oder Mittelkorn)*
- 50 g Butter
- 1 EL *Stevia Granulat*
- 3 Eidotter
- 3 Eiklar
- ½ TL *Stevia Granulat (für Eischnee)*
- Butter für die Form
- 2 TL Zimt
- 60 g Rosinen
- 500 g fein gerissene Äpfel *(wahlweise: feinblättrig geschnittene Birnen, entkernte, halbierte Kirschen, kleine Marillenstücke)*

Zubereitung:

Milch mit Salz, dem flüssigen *Stevia*, dem Mark aus der Vanilleschote, der abgeriebene Zitronenschale und dem Rumaroma erhitzen und den Reis darin so lange auf kleiner Stufe kochen, bis ein Brei entsteht.

Vom Herd nehmen und überkühlen lassen.

In der Zwischenzeit die Butter mit dem *Stevia Granulat (oder „natusweet" Kristalle+)* und den Eidottern schaumig rühren.

Diese Masse vorsichtig unter den Reisbrei mischen.

Anschließend das Eiklar mit dem ½ TL *Stevia Granulat (oder „natusweet" Kristalle+)* zu festem Schnee schlagen und ebenfalls unter die Reismasse heben.

Backform *(ca. 32 x 19 cm)* mit Butter ausschmieren und die Hälfte der Reismasse einfüllen.

Darauf die mit Zimt und Rosinen vermischten Äpfel verteilen und mit der zweiten Hälfte der Reismasse abschließen.

Im vorgeheizten Backrohr bei 160° C etwa 45 – 50 Minuten backen.

Anstelle des *„eubiotica"* **Stevia Granulats** können auch ohne Qualitätsverlust *„natusweet"* **Kristalle+** und die anderen *„natusweet"*-Produkte verwendet werden!

Klassische Rezepte

Mohnnudeln

10 BE   10 KHE   10 BW

Zutaten:

250 g mehlige Erdäpfel
70 g Dinkelmehl
30 g Grieß
20 g weiche Butter
1 Ei
Prise Salz
½ TL *Stevia Granulat*

100 g Butter
25 Tropfen *Stevia flüssig*
70 g geriebener Mohn

Zubereitung:

Erdäpfel kochen, schälen und noch heiß durch die Erdäpfelpresse drücken.

Auskühlen lassen und anschließend mit Mehl, Grieß, Butter, Ei, Prise Salz und *Stevia Granulat (oder „natusweet" Kristalle+)* verkneten.

Kurz rasten lassen.

Nun portionieren und in der flachen Hand zu kleinen Schupfnudeln wälzen.

Wasser in einem großen Kochtopf erhitzen und leicht salzen.

Das Wasser darf nicht kochen, sondern nur sieden.

Die Nudeln ins Wasser geben und etwa 5 – 7 Minuten ziehen lassen.

Mit einem Siebschöpfer herausnehmen und gut abtropfen.

In der Zwischenzeit Butter in einer Pfanne zerlassen und mit den *Stevia Tropfen* verrühren. Den Mohn dazugeben und darin rösten.

Nun die gut abgetropften Nudeln im Mohn schwenken und sofort servieren.

Anstelle des *„eubiotica" Stevia Granulats* können auch ohne Qualitätsverlust *„natusweet" Kristalle+* und die anderen *„natusweet"-Produkte* verwendet werden!

Klassische Rezepte

Germ-Gugelhupf

🇦🇹 18 BE 🇩🇪 19 KHE 🇨🇭 18 BW

Normale Gugelhupfform!

Zutaten:

225 g Dinkelmehl
½ Pkg. Trockengerm
abgeriebene Schale von ½ Zitrone
1 TL *Stevia Granulat*
50 g Butter
1 Ei
175 ml Milch
½ TL *Stevia Granulat*
25 g gehackte Walnüsse
45 g Rosinen
12 EL Rum
½ EL Butter für die Form
1 EL griffiges Mehl für die Form

Zubereitung:

Das Mehl mit der Germ, der abgeriebenen Zitronenschale und 1 TL *Stevia Granulat (oder „natusweet" Kristalle+)* vermischen.

Butter in einem Topf vorsichtig schmelzen und mit dem Ei und der Milch sowie ½ TL *Stevia Granulat (oder „natusweet" Kristalle+)* fest verrühren.

Dieses Gemisch nun zur Mehlmenge geben und mit dem Mixer und einem Knethaken zu einem weichen, geschmeidigen Teig schlagen, bis er sich vom Knethaken und vom Schüsselrand löst.

Anschließend Nüsse und Rosinen mit dem Rum vermengen und unterrühren. Den fertigen Teig in eine vorbereitete Gugelhupfform *(bebuttert und bemehlt)* füllen und an einem warmen Ort etwa 1 Stunde gehen lassen.

Im vorgeheizten Backrohr bei 180° C etwa 50 Minuten backen.

Anstelle des „eubiotica" Stevia Granulats kann auch ohne Qualitätsverlust „natusweet" Kristalle+ verwendet werden!

Klassische Rezepte

Bunte Mandel-Muffins

17 BE 18 KHE 17 BW

Menge reicht für 12 Stück

Zutaten:

- 100 g Butter
- 3 Eier
- 2 TL *Stevia Granulat*
- Prise Salz
- 1 TL geriebene Orangenschale
- 1 TL Vanille-Butter-Aroma
- 200 g Dinkelmehl
- 1 TL *Stevia Granulat*
- 1 Pkg. Backpulver
- 1 Dose Fruchtcocktail ohne Zucker *(etwa 410 g)*
- 120 g geriebene Mandeln

Zubereitung:

Die weiche Butter mit den Eiern schaumig rühren.

Stevia Granulat (oder „natusweet" Kristalle+), Prise Salz, Orangenschale und Vanillearoma einrühren.

Mehl mit *Stevia Granulat (oder „natusweet" Kristalle+)* und Backpulver vermischen und vorsichtig unter die Ei-Butter-Masse mengen.

Fruchtsaft und geriebene Mandeln unterrühren und etwa 20 Minuten ruhen lassen.

In der Zwischenzeit die Muffinformen vorbereiten.

Anschließend die Formen zur Hälfte mit Teig füllen. 5 bis 6 Fruchtstücke *(aus der Dose)* in die Mitte geben. Leicht hineindrücken und mit Teig bedecken.

Im vorgeheizten Backrohr bei 180° C etwa 20 – 25 Minuten backen.

Anstelle des *„eubiotica" Stevia Granulats* kann auch ohne Qualitätsverlust *„natusweet" Kristalle+* verwendet werden!

Klassische Rezepte

Osterlamm

13 BE   13 KHE   13 BW

Zutaten:

- ¼ l Schlagobers
- ¼ TL *Stevia Granulat*
- 2 Eiklar
- ¼ TL *Stevia Granulat*
- 2 Eidotter
- ½ TL *Stevia Granulat*
- 200 g Dinkelmehl
- 2 gestrichene TL Backpulver
- 1 ½ TL *Stevia Granulat*
- 4 EL Milch
- 4 TL *Stevia Granulat*
- 2 EL Kakao
- 1 TL Butter für die Form
- 1 EL griffiges Mehl für die Form

Zubereitung:

Schlagobers mit ¼ TL **Stevia Granulat** *(oder „natusweet" Kristalle+)* steif schlagen.

Die zwei Eier in Dotter und Klar trennen.

Eiklar und ¼ TL **Stevia Granulat** *(oder „natusweet" Kristalle+)* zu festem Schnee schlagen.

Eidotter und ½ TL **Stevia Granulat** *(oder „natusweet" Kristalle+)* in die Schlagobersmasse einarbeiten.

Mehl mit Backpulver und 1 ½ TL **Stevia Granulat** *(oder „natusweet" Kristalle+)* vermischen und unter die Masse heben.

Milch mit dem **Stevia Granulat** *(oder „natusweet" Kristalle+)* und dem Kakao glatt rühren. Mit der Masse gut verrühren und den Schnee unterziehen.

Osterlammform mit Butter ausschmieren und mit Mehl bestreuen.

Den Schoko-Teig einfüllen und gut verteilen.

Im vorgeheizten Backrohr bei 180° C etwa 50 – 60 Minuten backen.

Anstelle des „*eubiotica*" **Stevia Granulats** kann auch ohne Qualitätsverlust „*natusweet*" **Kristalle+** verwendet werden!

Klassische Rezepte

Stevia-Striezel
„Klosterneuburger Frühstückswecken"

31 BE   31 KHE   30 BW

Zutaten:

- 450 g Dinkel-Vollkornmehl
- 1 Pkg. Trockengerm
- 2 TL *Stevia Granulat*
- 70 g Margarine oder Butter
- 250 ml Milch
- ½ TL Salz
- 2 TL *Stevia Granulat*
- eventuell abgeriebene Schale von 1 Zitrone
- 2 Eier
- 1 Ei zum Bestreichen

Zubereitung:

Mehl mit der Trockengerm und dem **Stevia Granulat** *(oder „natusweet" Kristalle+)* vermischen.

Butter oder Margarine am Herd langsam schmelzen *(nicht braun werden lassen)*.

Milch dazugeben und vom Feuer nehmen.

In dieses lauwarme Gemisch Salz, **Stevia Granulat** *(oder „natusweet" Kristalle+)*, Zitronenschale und Eier fest einrühren.

Noch lauwarm mit dem vorbereitetem Mehl-Germ-*Stevia*-Gemisch vorsichtig mit dem Knethaken/Mixer auf geringster Stufe vermengen.

Danach auf höchster Stufe mindestens 10 Minuten fest zu einem kompakten Teig „schlagen".

Einen dünnen Zopf flechten *(beachten Sie bitte, dass nur die Struktur beim Endprodukt vorhanden ist, nicht jedoch der Zopf selbst!)*, auf ein Backpapier setzen, und dann auf ein Backblech geben.

Mindestens 1 Stunde an einem warmen Ort gehen lassen.

Im vorgeheiztem Backrohr bei 190° C etwa 10 Minuten und dann weitere 30 Minuten bei 160° C fertig backen.

Anstelle des **„eubiotia" Stevia Granulats** kann auch ohne Qualitätsverlust **„natusweet" Kristalle+** verwendet werden!

Klassische Rezepte

Topfenstollen

26 BE 27 KHE 28 BW

Zutaten:

- 50 g Butter
- 80 ml Milch
- 2 TL *Stevia Granulat*
- Mark von ½ Vanilleschote
- 2 Eier
- 300 g Dinkelmehl
- 2 EL Zimt
- Prise Salz
- 1 Pkg. Trockengerm
- 2 TL *Stevia Granulat*
- abgeriebene Schale von einer ½ Zitrone
- 150 g Topfen
- 80 g Sauerrahm
- 120 g Rosinen
- etwas zerlassene Butter zum Bestreichen

Zubereitung:

Butter am Herd vorsichtig zergehen lassen *(darf nicht braun werden)*.

Milch, 2 TL *Stevia Granulat* **(oder „natusweet" Kristalle+)**, Mark der Vanilleschote und Eier fest einrühren.

Mehl mit Zimt, Salz, Trockengerm, *Stevia Granulat* **(oder „natusweet" Kristalle+)** und Zitronenschale vermengen und gemeinsam mit der lauwarmen Butter-Milch-Eier-Masse unter den Topfen und den Rahm kneten. Alles mit dem Knethaken/Mixer zu einem festen, geschmeidigen Teig verarbeiten.

Mindestens 15 Minuten auf höchster Stufe schlagen, bis sich der Teig vom Knethaken löst und Blasen bildet.

Die Rosinen einkneten und einen Stollen formen, auf ein Backpapier setzen und in eine Kastenform geben.

Teig etwa 1 ½ Stunden an einem warmen Ort gehen lassen.

Backrohr auf 180° C vorheizen. Bei dieser Temperatur etwa 45 – 50 Minuten backen und abschließend mit Butter bestreichen.

Anstelle des „eubiotica" Stevia Granulats kann auch ohne Qualitätsverlust „natusweet" Kristalle+ verwendet werden!

Klassische Rezepte

Walnussweckerln
(12 Stk.)

ohne Rosinen: 30,5 BE 31 KHE 29 BW
mit Rosinen: 33,0 BE 34 KHE 33 BW

Zutaten:

- 110 g gehackte Walnüsse
- 1 EL Rum
- 1 EL Milch
- 50 g Rosinen *(kann man auch weglassen)*
- 140 g Butter
- ¼ l Wasser
- 1 TL *Stevia flüssig*
- 1 Ei
- 460 g Dinkelmehl
- 2 EL *Stevia Granulat*
- abgeriebene Schale von 1 Zitrone
- Prise Salz
- 1 Pkg. Trockengerm
- 1 TL Butter zum Bestreichen

Zubereitung:

Nüsse mit Rum, Milch und Rosinen vermengen.

Butter im Topf langsam zerlassen und das Wasser und 1 TL *Stevia flüssig* mit dem Ei unterrühren.

Mehl mit dem *Stevia Granulat* (oder „natusweet" Kristalle+), der Zitronenschale, dem Salz und der Trockengerm vermischen und dazugeben.

Alles mindestens 10 Minuten mit dem Knethaken zu einem nicht zu weichen Germteig verarbeiten, bis sich der Teig von Topf und Knethaken löst.

Danach die Nuss-Rosinen-Masse einkneten und 12 kleine Brötchen formen.

Auf ein mit Backpapier ausgelegtes Blech setzen und an einem warmen Ort etwa 1 – 1 ½ Stunden gehen lassen.

Im vorgeheizten Backrohr bei 170° C etwa 45 – 50 Minuten backen und noch warm mit zerlassener Butter bestreichen.

Anstelle des „*eubiotica*" **Stevia Granulats** können auch ohne Qualitätsverlust „natusweet" **Kristalle+** und die anderen „*natusweet*"-Produkte verwendet werden!

Klassische Rezepte

Zwetschken-Topfen-knödel

🇦🇹 🇩🇪 🇨🇭
10 BE 9 KHE 11 BW
bei 8 Stück kleinen Zwetschken

Zutaten (ca. 8 Stk.):

250 g Topfen *(20 %)*
70 g Semmelbrösel
2 Eier
30 g weiche Butter
1 TL *Stevia flüssig*

8 Stück Zwetschken
Stevia Tabs zum Füllen der Früchte

10 g Butter
50 g Semmelbrösel zum Wälzen
10 Tropfen *Stevia flüssig*

Zubereitung:

Alle Zutaten gut vermengen und den Teig mindestens ½ Stunde im Kühlschrank rasten lassen.

Die Früchte entkernen und mit einem *Stevia Tab* füllen.

Wasser im Topf zum Kochen bringen.

Anschließend aus dem Topfenteig Knödel formen und sofort ins heiße, leicht kochende Wasser legen und etwa 5 Minuten ziehen lassen.

Aufpassen! Nicht zerkochen lassen.

Die fertigen Knödel vorsichtig herausnehmen, in den vorbereiteten, gerösteten Bröseln wälzen und gleich servieren.

Bei Bedarf kann man noch etwas *Stevia Granulat (oder „natusweet" Kristalle+)* über die halbierten Knödel sieben.

Anstelle des *„eubiotica" Stevia Granulats* können auch ohne Qualitätsverlust *„natusweet" Kristalle+* und die anderen *„natusweet"-Produkte* verwendet werden!

Klassische Rezepte
Buchteln

Zutaten:
70 g Butter oder Margarine
250 ml Milch
1 Prise Salz
3 TL *Stevia Granulat*, gestrichen
1 ganzes Ei
1 Eiklar
500 g glattes Mehl
1 Päckchen Trockengerm
2 TL *Stevia Granulat*

230 g Marillen-Marmelade mit *Stevia*
1 Eidotter zum Bestreichen

Zubereitung Mürbteig:

Butter oder Margarine am Herd vorsichtig erwärmen, damit sie nicht braun wird.

Von der Milch zwei EL beiseite geben.

Die restliche Milch mit der zerlassenen Butter/Margarine kurz erwärmen und mit der Prise Salz gut verrühren.

Vom Herd nehmen.

Nun die 2 EL Milch mit dem *Stevia Granulat (oder „natusweet" Kristalle+)* verrühren und mit dem Ei und dem Eiklar mit der lauwarmen Masse verrühren.

Anschließend die noch lauwarme Masse mit dem Mehl, der Trockengerm und *Stevia Granulat (oder „natusweet" Kristalle+)* rasch zu

Klassische Rezepte

36 BE 37 KHE 37 BW

einem Teig verkneten *(am besten mit einem Mixer und Knethaken zuerst vorsichtig auf kleiner Stufe, dann auf höchster Stufe mindestens 15 Minuten fest schlagen, bis sich der Teig von Rand und Knethaken löst und sich Blasen bilden)*.

Mit einer Frischhaltefolie oder einem nassen Tuch abgedeckt an einem warmen Ort 2 Stunden gehen lassen.

Vom aufgegangenem Teig kleine Portionen entnehmen, flach drücken und in die Mitte zwei TL *Stevia*-Marmelade geben.

Die Enden fest zusammendrücken und verkehrt auf eine befettete oder mit Backpapier ausgelegte hohe Auflaufform *(ca. 32 x 19 cm)* setzen.

Zum Schluss die Buchteln nochmals etwa 30 Minuten gehen lassen und mit Eidotter bestreichen.

Im vorgeheizten Backrohr etwa 10 Minuten bei 200° C backen und dann noch 20 Minuten bei 180° C fertig backen.

Die Buchteln schmecken am besten warm und mit *Stevia* gesüßter Vanillesauce.

Serviervorschlag:

Hinweis:
Bitte beachten Sie, dass durch STEVIA nicht diese Form erreicht wird, wie mit normalem Zucker hergestellte Buchteln *(siehe Abbildung)*. Der Geschmack, serviert mit Vanillesauce, ist jedoch hervorragend!

Anstelle des *„eubiotica" Stevia Granulats* kann auch ohne Qualitätsverlust *„natusweet" Kristalle+* verwendet werden!

Klassische Rezepte

Mohnauflauf mit Birnen

Zutaten:
3 Semmeln
300 ml Milch
5 Eidotter
110 g Butter
2 TL *Stevia Granulat*
Mark von ½ Vanilleschote
1 TL abgeriebene Orangen-
    schale
1 TL Zimt
5 Eiklar
¼ TL *Stevia Granulat*
    (für den Eischnee)
100 g Mohn, gemahlen
40 g fein geriebene Walnüsse

Kompott:
1 Dose Birnen ohne Zucker-
    zusatz *(410 g)*
Saft aus der Dose
⅛ l Weißwein
1 TL Johannisbrotkernmehl
    (Vegabin oder Biobin)
1 TL *Stevia flüssig*

Zubereitung Mürbteig:

Semmeln in der Milch einweichen und mit dem Pürierstab zerkleinern.

Eier in Klar und Dotter trennen.

Die Dotter mit der weichen Butter und 2 TL *Stevia Granulat (oder „natusweet" Kristalle+)* schaumig rühren. Danach das Mark der Vanilleschote, die Orangenschale und den Zimt dazugeben.

Anschließend Eiklar mit ¼ TL *Stevia Granulat (oder „natusweet" Kristalle+)* steif schlagen.

Den geriebenen Mohn und die Walnüsse mit dem Eischnee vorsichtig unter die restliche Masse heben.

Die Masse nun in eine vorbereitete, gefettete und bemehlte Auflaufform *(ca. 32 x 19 cm)* füllen.

Im vorgeheizten Backrohr bei 150° C etwa 40 – 50 Minuten backen.

Klassische Rezepte

🇦🇹 🇩🇪 🇨🇭
16 BE 16 KHE 14 BW

Kompott:

Birnen aus der Dose nehmen und den Saft in einen kleinen Topf gießen, den Weißwein dazugeben.

Nun den Saft mit dem Johannisbrotkernmehl gut vermengen und kurz aufkochen.

Zum Schluss das flüssige *Stevia* einrühren, die Birnen damit übergießen und etwa 15 Minuten ziehen lassen.

Garnierung:

Fertigen Mohnauflauf in viereckige Stücke schneiden, mit Birnen, Sauce und Schlagobers *(mit **Stevia Granulat** (oder „natusweet" Kristalle+) gesüßt)* servieren.

Serviervorschlag:

Anstelle des *„eubiotica"* **Stevia Granulats** können auch ohne Qualitätsverlust *„natusweet"* **Kristalle+** und die anderen *„natusweet"*-**Produkte** verwendet werden!

Klassische Rezepte
Tiramisu

Zutaten:

250 g QimiQ
1 EL Löskaffee
110 ml Milch
100 g Mascarpone
2 TL *Stevia Granulat*
etwas Vanillearoma
   oder Vanillemark
   (aus der Schote)
2 EL Amaretto
250 ml Schlagobers
¼ TL *Stevia Granulat*
150 ml starker Kaffee
2 EL Rum
2 EL Amaretto
40 Kinderbiskotten

Kakaopulver zum
   Bestreuen
½ TL *Stevia Granulat*

Zubereitung Creme:

Das ungekühlte QimiQ mit dem Mixer glatt rühren.

Den Löskaffee in der vorbereiteten zimmerwarmen Milch auflösen und zusammen mit dem Mascarpone, dem *Stevia Granulat (oder „natusweet" Kristalle+)*, dem Vanillearoma und dem Amaretto mit dem QimiQ gut verrühren.

Das Schlagobers halb fest schlagen. Dann ¼ TL *Stevia Granulat (oder „natusweet" Kristalle+)* untermengen und steif schlagen.

Das feste Schlagobers in die QimiQ-Masse vorsichtig unterheben.

Klassische Rezepte

13 BE   16 KHE   16 BW

Zubereitung Tiramisu:

Der starke Kaffee wird mit dem Rum und dem Amaretto in eine flache Schüssel gegeben und vermengt.

Eine Kastenform oder eine andere Schüssel mit Frischhaltefolie auslegen.

Anschließend die Biskotten in das Kaffee-Rum-Amaretto-Gemisch kurz eintauchen und abwechselnd mit der Creme in die Form schichten, wobei die letzte Schicht aus Creme besteht.

Tiramisu mindestens 5 Stunden, **am besten über Nacht,** in den Kühlschrank stellen.

Vor dem Servieren aus der Form nehmen.

Das Kakaopulver mit ½ TL **Stevia Granulat *(oder* „natusweet" Kristalle+*)*** vermengen und das Tiramisu damit bestreuen.

Anstelle des **„eubiotica" Stevia Granulats** kann auch ohne Qualitätsverlust *„natusweet"* **Kristalle+** verwendet werden!

Klassische Rezepte

Kaiserschmarren (mit Zwetschkenröster)

Zutaten Schmarren:
- 2 Eiklar
- ½ TL *Stevia Granulat*
- 150 g glattes Mehl
- 125 ml Milch
- 125 ml Wasser
- 2 Eidotter
- Prise Salz
- 1 ½ TL *Stevia Granulat*
- Öl
- Vanillearoma oder etwas Mark aus der Vanilleschote
- 2 TL *Stevia Granulat*

Zutaten Zwetschkenröster:
- 4 EL Rotwein
- 2 EL Wasser
- ½ TL Zimt
- 3 Gewürznelken
- Vanillearoma
- 30 Tropfen *Stevia flüssig*
- Spritzer Zitronensaft
- ¼ TL Johannisbrotkernmehl (Vegabin oder Biobin)
- 1 TL Rum
- 260 g Zwetschken (Mengenangabe bereits ohne Kern)

Zubereitung Schmarren:

Eier in Klar und Dotter trennen.

Eiklar mit ½ TL *Stevia Granulat* *(oder „natusweet" Kristalle+)* zu festem Schnee schlagen.

Mehl, Milch und Wasser vermengen und mit den Dottern, Prise Salz, Vanillearoma und dem *Stevia Granulat* *(oder „natusweet" Kristalle+)* einen glatten Teig zubereiten.

Den Schnee vorsichtig unterheben.

Öl in einer beschichteten Pfanne erhitzen.

Klassische Rezepte

13 BE 13 KHE 13 BW

Den Teig fingerhoch ins heiße Öl gießen und eine Seite goldgelb backen, dann umdrehen und die zweite Seite ebenfalls backen.

Mit Hilfe von zwei Gabeln alles in kleine Stücke reißen.

Naschkatzen können gerne noch etwas **Stevia Granulat** (oder *„natusweet" Kristalle+*) darauf sieben.

Zubereitung Zwetschkenröster:

Rotwein und Wasser mit den Gewürzen, **Stevia-Tropfen,** Zitronensaft und Johannisbrotkernmehl aufkochen und etwa auf die Hälfte einreduzieren.

Die Gewürznelken wieder entfernen, Rum und Zwetschken dazugeben und etwa 5 – 10 Minuten leicht köcheln lassen.

Zwischendurch immer wieder umrühren.

Kaiserschmarren mit dem Zwetschkenröster servieren.

Frisch zubereiteter Zwetschkenröster:

Anstelle des *„eubiotica"* **Stevia Granulats** können auch ohne Qualitätsverlust *„natusweet"* **Kristalle+** und die anderen *„natusweet"*-**Produkte** verwendet werden!

Klassische Rezepte

Powidltascherln *(14 Stk.)*

Zutaten:

- 160 ml Milch
- 40 g Butter
- ½ TL *Stevia Granulat*
- Prise Salz
- 200 g glattes Mehl
- ½ TL *Stevia Granulat*
- 1 Ei
- 1 TL *Stevia Granulat*
- Eidotter zum Bestreichen
- 200 g Powidl mit *Stevia*
- 40 g Butter
- 25 Tropfen *Stevia flüssig*
- 100 g Brösel

Zubereitung:

Milch mit Butter, *Stevia Granulat (oder „natusweet" Kristalle+)* und einer Prise Salz in einen Topf geben und aufkochen lassen.

Das gesamte Mehl und ½ TL *Stevia Granulat (oder „natusweet" Kristalle+)* auf einmal hineingeben und unter ständigem Rühren gut abrösten, bis sich die Masse vom Gefäß löst.

Mit Mixer und Knethaken das versprudelte Ei und 1 TL *Stevia Granulat (oder „natusweet" Kristalle+)* in den überkühlten Brandteig einarbeiten, bis ein glatter Teig entsteht.

Klassische Rezepte

23 BE   21 KHE   23 BW

Teig in Frischhaltefolie einwickeln und im Kühlschrank etwa 30 Minuten auskühlen lassen.

Danach den Teig zwischen zwei Bögen Backpapier etwa 2 mm dick ausrollen.

Mit einem runden Ausstecher oder Häferl *(Durchmesser etwa 80 – 90 mm)* Scheiben ausstechen und die Ränder mit Eidotter bestreichen.

In die Mitte je einen Teelöffel Powidl setzen, in der Hälfte umschlagen und die Teigränder gut festdrücken.

Leicht gesalzenes Wasser zum Kochen bringen und die Tascherln vorsichtig hineingeben.

Knapp unter dem Siedepunkt etwa 7 – 10 Minuten ziehen lassen und aufpassen, dass das Wasser nicht kocht.

In der Zwischenzeit in einem Topf die Butter langsam schmelzen und mit den **Stevia Tropfen** vermischen.

Die Brösel darin so lange rösten, bis sie Farbe bekommen.

Wenn die Tascherln fertig sind, diese vorsichtig mit einem Siebschöpfer aus dem Wasser nehmen, in den Butterbröseln schwenken und sofort anrichten.

Gefüllt sind die Powidltascherln mit frisch zubereiteter Powidlmarmelade:

SERVIERTIPP:
Man kann die Powidltascherln mit Zwetschkenröster, Vanilleeis und Steviablättern servieren.

Anstelle des *„eubiotica"* **Stevia Granulats** können auch ohne Qualitätsverlust *„natusweet"* **Kristalle+** und die anderen *„natusweet"*-**Produkte** verwendet werden!

Klassische Rezepte

Germknödel *(8 Stk.)*

Zutaten:
480 g Dinkelmehl
1 Pkg. Trockengerm
abgeriebene Schale von ½ Zitrone
2 TL *Stevia Granulat*
70 g Butter
250 ml Milch
2 TL *Stevia Granulat*
Prise Salz
2 Eier

Fülle:
1 TL Zimt
¼ TL geriebene Nelken
8 EL Powidl mit *Stevia*
80 g gemahlener Mohn
2 TL Stevia Granulat
90 g Butter
20 Tropfen *Stevia flüssig*

Zubereitung:

Mehl mit Trockengerm, abgeriebener Zitronenschale und *Stevia Granulat (oder „natusweet" Kristalle+)* in einer Schüssel vermischen.

Butter am Herd langsam schmelzen und mit der Milch, dem *Stevia Granulat* und der Prise Salz vermischen.

In das lauwarme Gemisch die Eier untermengen und fest verrühren. Alles in der Schüssel mit Mixer und Knethaken zuerst auf kleinster Stufe miteinander verrühren, danach auf höchster Stufe mindestens 15 Minuten fest schlagen, bis sich der weiche, geschmeidige Teig von Schüsselrand und Knethaken löst.

Klassische Rezepte

33 BE   35 KHE   33 BW

Den Teig auf ein Backpapier geben und mit einer bemehlten Teigspachtel in 8 Teile „schneiden". Diese mit leicht bemehlten Fingerspitzen flachdrücken und je 1 EL von dem in der Zwischenzeit mit den Gewürzen vermengten Powidl draufgeben.

Vorsichtig zusammendrücken und zu Kugeln wälzen und wieder auf das Backpapier legen.

An einem warmen Ort etwa 1 ½ Stunden gehen lassen.

Immer wieder mit Wasser bepinseln (etwa alle 10 bis 15 Minuten).

Mit einer Teigspachtel vorsichtig vom Backpapier nehmen und mit der oberen (schöneren) Seite nach unten etwa 4 – 5 Minuten mit Deckel kochen, dann umdrehen und ohne Deckel etwa 10 – 15 Minuten fertig garen.

In der Zwischenzeit den Mohn mit dem *Stevia Granulat* **(oder „natusweet" Kristalle+)** vermischen, die Butter schmelzen und mit den *Stevia Tropfen* verrühren.

Die fertigen Knödel mit der Mohn-*Stevia*-Mischung bestreuen und mit der zerlassenen Butter übergießen.

Hinweis:
Die Germknödeln fallen nach dem Kochen *(wie auf dem Foto ersichtlich)* leicht zusammen. Dies hat aber auf den hervorragenden Geschmack absolut keinen Einfluss!

SERVIERTIPP:
Anstelle der zerlassenen Butter kann man die Knödel auch mit Vanillesauce anrichten.

Anstelle des *„eubiotica"* **Stevia Granulats** können auch ohne Qualitätsverlust *„natusweet"* **Kristalle+** und die anderen *„natusweet"*-**Produkte** verwendet werden!

Klassische Rezepte

Original Kritzendorfer „Rundsüßlinge" *(10 Stk.)*

Zutaten:

550 g glattes Mehl
1 Pkg. Trockengerm
abgeriebene Schale von 1 Zitrone
Mark von 1 Vanilleschote
2 TL *Stevia Granulat*
70 g Butter
260 ml Milch
3 EL Rum *(38 %)*
½ TL Salz
3 Eidotter
2 TL *Stevia Granulat*

Zum Füllen:
10 EL Marillenmarmelade mit *Stevia*

Zubereitung:

Mehl mit Trockengerm, abgeriebener Zitronenschale, Mark der Vanilleschote und *Stevia Granulat (oder „natusweet" Kristalle+)* in einer Schüssel vermischen.

Butter am Herd langsam schmelzen, ohne dass sie braun wird.

Milch, Rum und Salz unterrühren.

In das lauwarme Gemisch die Eidotter und 2 EL *Stevia Granulat (oder „natusweet" Kristalle+)* untermengen und fest verrühren.

Klassische Rezepte

38 BE   38 KHE   38 BW

Nun alles in der Schüssel mit Mixer und Knethaken zuerst auf kleinster Stufe miteinander verrühren, danach auf höchster Stufe mindestens 15 Minuten fest schlagen, bis sich der weiche, geschmeidige Teig von Schüsselrand und Knethaken löst.

Mit bemehlten Händen portionieren und die Teigstücke zu Kugeln formen.

Diese auf ein bemehltes Brett setzen, und an einem warmen Ort etwa 1 Stunde gehen lassen.

Fritteuse auf 180° C erhitzen und die Kugeln im heißen Fett zugedeckt goldgelb backen.

Umdrehen und bei offener Fritteuse auch die zweite Seite goldgelb backen.

Die fertigen Rundlinge auf eine Küchenrolle setzen und gut abtropfen lassen. Noch warm mit der abgerührten Marillenmarmelade und mit Hilfe einer Tülle füllen.

Anstelle des *„eubiotica"* **Stevia Granulats** können auch ohne Qualitätsverlust *„natusweet"* **Kristalle+** und die anderen *„natusweet"*-**Produkte** verwendet werden!

Gelee

Apfel-Hollerblüten-Gelee

9 BE 9 KHE 10 BW

Zutaten:

- 15 – 20 Dolden Hollerblüten
- 850 ml Apfelsaft ohne Zucker *(entweder selbst entsaftet oder gekauft)*
- 3 TL *Stevia Granulat*
- 1 TL Zitronensäure
- 1 Packung Gelfix Super 3 : 1 *(25 g)*

Zubereitung:

Hollerblüten sollten nach sonnigen, trockenen Tagen an verkehrsruhigen Plätzen gesammelt werden. Blüten nicht waschen, aber von kleinen Tieren und eventuellem Schmutz befreien.

Danach die Blüten in einem großen Glas mit dem Apfelsaft übergießen.

Zwei Tage stehen lassen und mit Hilfe eines sauberen Tuchs in einen Kochtopf abseihen.

Drei Teelöffel *Stevia Granulat* **(oder** „natusweet" Kristalle+**)** zum Holler-Apfelsaft in den Topf geben.

Zitronensäure und Gelfix einrühren und zum Kochen bringen.

Mindestens 5 Minuten sprudelnd kochen und die Gelierprobe machen.

Zum Schluss das noch heiße Gelee in die vorbereiteten, sauberen Gläser füllen und zum Auskühlen auf den Kopf stellen.

Anstelle des „eubiotica" *Stevia Granulats* kann auch ohne Qualitätsverlust „natusweet" Kristalle+ verwendet werden!

Marmeladen

Erdbeer-Holler-Marmelade

6 BE 7 KHE 7 BW

Zutaten:

- 20 Dolden Hollerblüten
- 1 kg Erdbeeren
- 3 TL *Stevia Granulat*
- 1 Packung Gelfix Super 3 : 1 *(25 g)*
- 1 TL Zitronensäure

Zubereitung:

Hollerblüten sollten nach sonnigen, trockenen Tagen an verkehrsruhigen Plätzen gesammelt werden. Blüten nicht waschen, aber von kleinen Tieren und eventuellem Schmutz befreien.

Mit einer Schere die Blüten abschneiden.

Erdbeeren waschen, klein schneiden oder pürieren und in einen Topf geben.

Stevia Granulat (oder „natusweet" Kristalle+) mit dem Gelfix und der Zitronensäure gut vermengen und unter das Mus rühren.

Nun die Fruchtmasse zum Kochen bringen, mindestens 5 Minuten sprudelnd kochen und anschließend die Gelierprobe machen.

Wenn die Marmelade gut geliert, die Blüten kurz unterrühren und nicht mitkochen, sondern sofort heiß in vorbereitete, saubere Gläser abfüllen.

Noch heiß verschließen und auf den Kopf gestellt abkühlen lassen.

Anstelle des *„eubiotica"* **Stevia Granulats** kann auch ohne Qualitätsverlust *„natusweet"* **Kristalle+** verwendet werden!

Marmeladen

Marillenmarmelade

10 BE   11 KHE   10 BW

Zutaten:

1 kg entsteinte Marillen
3 TL *Stevia Granulat*
1 Packung Gelfix Super 3 : 1 *(25 g)*
1 TL Zitronensäure
1 EL Rum *(38 %)*

Zubereitung:

Die Marillen waschen, entsteinen und pürieren.

Das **Stevia Granulat** *(oder „natusweet" Kristalle+)* mit dem Gelfix, der Zitronensäure und dem Rum gut vermengen und unter das Mus rühren.

Nun die Fruchtmasse zum Kochen bringen und mindestens 7 Minuten sprudelnd kochen.

Gelierprobe machen.

Sollte die Marmelade noch zu flüssig sein, weiterkochen lassen.

Zum Schluss den Rum untermischen und sofort heiß in vorbereitete, saubere Gläser abfüllen. Noch heiß verschließen und auf den Kopf gestellt abkühlen lassen.

Anstelle des **„eubiotica" Stevia Granulats** kann auch ohne Qualitätsverlust **„natusweet" Kristalle+** verwendet werden!

Marmeladen

Ribisel-Karotten-Marmelade

🇦🇹 14 BE 🇩🇪 14 KHE 🇨🇭 18 BW

Zutaten:

- 1 l Ribiselsaft (1,3 kg Ribiseln)
- 200 g Karotten
- 8 TL *Stevia Granulat*
- 1 Packung Gelfix Super 3 : 1 *(25 g)*

Zubereitung:

Ribiseln kurz aufkochen und noch heiß durch ein Sieb streichen oder im Dampfentsafter entsaften.

Den Ribiselsaft in einen Topf geben, die Karotten fein reißen und sofort untermischen und kochen.

Anschließend das *Stevia Granulat* (oder „natusweet" Kristalle+) und das Gelfix vermischen.

Zum Kochen bringen und sprudelnd unter ständigem Umrühren mindestens 5 Minuten kochen.

Noch heiß in vorbereitete, saubere Gläser abfüllen und mindestens 5 Minuten auf dem Kopf stehen lassen.

Anstelle des „*eubiotica*" Stevia Granulats kann auch ohne Qualitätsverlust „*natusweet*" Kristalle+ verwendet werden!

Marmeladen

Ringlottenmarmelade

13 BE 13 KHE 14 BW

Zutaten:

- 1 kg entsteinte Ringlotten
- 4 TL **Stevia Granulat**
- 1 TL Zitronensäure
- 1 Packung Gelfix Super 3 : 1 *(25 g)*
- ⅛ l Wasser

Zubereitung:

Ringlotten entsteinen, klein schneiden und in einen Kochtopf geben.

Eventuell ein paar Fruchtstücke für später aufheben.

Die restlichen Früchte mit einem Pürierstab zerkleinern und erhitzen.

Das **Stevia Granulat** *(oder „natusweet" Kristalle+)*, Zitronensäure und Gelfix im Wasser gut verrühren und langsam in das kochende Ringlotten-Mus einrühren.

Mindestens 3 Minuten unter ständigem Rühren sprudelnd kochen.

Gelierprobe: 1 TL vom Kochgut auf einen kleinen Teller geben.

Sofort heiß in vorbereitete, saubere Gläser abfüllen, Deckel draufschrauben und mindestens 5 Minuten auf dem Kopf stehen lassen.

Anstelle des **„eubiotica"** Stevia Granulats kann auch ohne Qualitätsverlust *„natusweet"* Kristalle+ verwendet werden!

Powidlmarmelade

Marmeladen

21 BE   25 KHE   22 BW

Zutaten:

- 2 kg sehr reife, weiche und entsteinte Zwetschken
- 2 EL *Stevia Granulat*
- 1 Pkg. Gelfix *(2 : 1)*
- 3 EL Wasser
- 1 EL Rum
- 1 TL Zitronensäure
- 2 TL Zimt
- ½ TL Ingwer

Zubereitung:

Die Zwetschken sollten sehr weich und reif sein.

Nach dem Waschen entkernen, mit der Gabel zerdrücken und in einem beschichteten Topf *(damit nichts anbrennen kann)* so lange verkochen, bis ein dicker Brei entsteht.

Normalerweise dauert dies bis zu drei Stunden.

Stevia Granulat (oder „natusweet" Kristalle+) und Gelfix einrühren.

Anschließend in Wasser und Rum die restlichen Zutaten auflösen und unter die Masse rühren.

Noch etwa 10 – 15 Minuten sprudelnd kochen.

Gelierprobe machen.

Noch heiß in vorbereitete Gläser füllen und zehn Minuten auf den Kopf stellen.

Anstelle des „eubiotica" Stevia Granulats kann auch ohne Qualitätsverlust „natusweet" Kristalle+ verwendet werden!

Weihnachtsbäckerei

Kokosbusserln

0,5 BE   0,5 KHE   0,5 BW

Zutaten:

2 TL *Stevia Granulat*
1 TL Johannisbrotkern-mehl *(Vegabin oder Biobin)*
1 EL Zitronensaft
4 Eiklar
100 g Kokosraspeln
runde Back-Oblaten

Zubereitung:

Stevia Granulat (oder „natusweet" Kristalle+) und Johannisbrotkernmehl mit dem Zitronensaft fest verrühren.

Eiklar untermischen und wieder gut verrühren.

Anschließend auf höchster Stufe zu festem Schnee schlagen.

Vorsichtig die Kokosraspeln unterheben.

Mit einem Löffel kleine Häufchen auf die Back-Oblaten geben und diese auf ein Backblech setzen.

Im vorgeheizten Backrohr bei 120° C backen, bis sie Farbe bekommen und sich leicht vom Blech lösen.

Anstelle des **„eubiotica"** Stevia Granulats kann auch ohne Qualitätsverlust *„natusweet"* Kristalle+ verwendet werden!

Mürbe Kekse

Weihnachtsbäckerei

17 BE 17 KHE 16 BW

Zutaten:

- 120 g Butter
- 250 g Dinkelmehl
- Prise Salz
- 1 TL Zimt
- Saft und abgeriebene Schale von ½ Zitrone
- 2 TL Backpulver
- 3 TL *Stevia Granulat*
- 1 Ei
- 1 ½ EL Milch
- 1 TL *Stevia flüssig*
- 1 Msp. Johannisbrotkernmehl *(Vegabin oder Biobin)*

Zubereitung:

Butter in kleine Stücke schneiden und mit dem Mehl abbröseln.

Salz, Zimt, Zitronenschale, Backpulver und **Stevia Granulat** *(oder „natusweet" Kristalle+)* daruntermischen.

Das Ei mit den übrigen Zutaten rasch zu einem festen Teig kneten.

Im Kühlschrank etwa 40 – 45 Minuten in Frischhaltefolie eingepackt rasten lassen.

Den Teig zwischen Backpapier auf etwa 2 bis 3 Millimeter auswalken.

Mit verschiedenen Formen Kekse ausstechen und auf ein mit Backpapier ausgelegtes Blech legen.

Im vorgeheizten Backrohr bei 160° C etwa 30 Minuten hell backen.

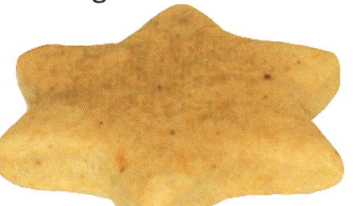

Milch mit *flüssigem Stevia* und dem Johannisbrotkernmehl vermischen und die noch warmen Kekse damit bestreichen.

Anstelle des „*eubiotica*" Stevia Granulats können auch ohne Qualitätsverlust „natusweet" Kristalle+ und die anderen „natusweet"-Produkte verwendet werden!

Weihnachtsbäckerei

Vanillekipferln

9 BE 9 KHE 9 BW

Zutaten:

140 g Dinkelmehl
60 g fein geriebene Walnüsse *(oder Mandeln)*
½ TL abgeriebene Zitronenschale
2 TL **Stevia Granulat**
Mark von ½ Vanilleschote
Messerspitze Salz
80 g kalte, in Stücke geschnittene Butter
1 Ei
1 EL Milch
Mark von 1 Vanilleschote *(ca. 3 cm)*
1 Msp. Johannisbrotkernmehl *(Vegabin oder Biobin)*

Zubereitung:

Das Mehl mit den geriebenen Nüssen, der Zitronenschale, dem **Stevia Granulat** *(oder „natusweet" Kristalle+)*, dem Mark der Vanilleschote und der Messerspitze Salz trocken vermengen.

Die geschnittenen Butter-Stücke und das ganze Ei darübergeben und rasch zu einem Teig verkneten.

Anschließend ½ Stunde im Eiskasten rasten lassen.

Den Teig zu einer langen, etwa 2 cm dicken Rolle formen und 1 Zentimeter kleine Stücke abschneiden.

Diese mit der flachen Hand zu kleinen Röllchen wälzen und zu Kipferln formen.

Diese dann auf ein mit Backpapier belegtes Blech setzen.

Im vorgeheizten Backrohr bei 180° C etwa 15 Minuten backen.

Milch mit Vanillemark und Johannisbrotkernmehl vermischen und die noch warmen Kipferln damit bestreichen.

Anstelle des **„eubiotica" Stevia Granulats** kann auch ohne Qualitätsverlust *„natusweet" Kristalle+* verwendet werden!

Weihnachtsbäckerei

Schwarz-Weiß-Bäckerei

7 BE   7 KHE   6 BW

(etwa 30 Stück)

Zutaten:

Zutaten weißer Teig:
100 g Dinkelmehl
70 g kalte, in Stücke geschnittene Butter
¼ TL *Stevia Granulat*
1 Eidotter
1 TL *Stevia flüssig*
¼ TL Johannisbrotkernmehl *(Vegabin oder Biobin)*
1 Msp. Salz
1 Msp. Backpulver

Zutaten schwarzer Teig *(wie bei weißem Teig, und zusätzlich):*
1 TL *Stevia flüssig*
1 TL Kakaopulver *(gestrichen)*

Eiklar zum Bestreichen
15 Tropfen *Stevia flüssig*

Zubereitung:

Zubereitung weißer Teig:

Mehl mit Salz, *Stevia Granulat* (oder „natusweet" Kristalle+), Johannisbrotkernmehl und Backpulver vermischen und zusammen mit der Butter rasch zu einem Teig verkneten. Eidotter in den Teig einkneten. Im Kühlschrank etwa 30 Minuten rasten lassen.

Zubereitung schwarzer Teig:

Mehl mit Salz, *Stevia Granulat* (oder „natusweet" Kristalle+), Johannisbrotkernmehl und Backpulver vermischen und zusammen mit der Butter rasch zu einem Teig verkneten. Eidotter mit Stevia Tropfen und Kakaopulver gut vermischen und in den Teig einkneten. Im Kühlschrank etwa 30 Minuten rasten lassen.

Beide Teige zwischen zwei Backpapierbögen zu gleich großen Rechtecken auswalken. Eine Hälfte mit Eiklar, mit den *Stevia-Tropfen* vermischt, bestreichen und die andere darauf legen. Eng einrollen und im Kühlschrank rasten lassen.

Von der Rolle 5 mm dicke Scheiben abschneiden und auf ein mit Backpapier ausgelegtes Blech setzen. Die Oberseiten mit dem restlichen Eiklar-*Stevia*-Gemisch bestreichen.

Im vorgeheizten Rohr bei 180° C etwa 15 Minuten backen.

Anstelle des „eubiotica" *Stevia Granulats* können auch ohne Qualitätsverlust „natusweet" Kristalle+ und die anderen „natusweet"-Produkte verwendet werden!

Weihnachtsbäckerei

Orangenwellen (Spritzgebäck)

11 BE   11 KHE   11 BW

Zutaten:
170 g Dinkelmehl
1 ½ TL *Stevia Granulat*
3 EL Orangensaft
 (frisch gepresst)
20 Tropfen *Stevia flüssig*
abgeriebene Orangenschale
1 Ei
1 Eidotter
110 g Butter

Zubereitung:

Mehl mit **Stevia Granulat** *(oder „natusweet" Kristalle+)* gut vermengen.

Orangensaft mit den 20 Tropfen **Stevia flüssig** und der abgeriebenen Orangenschale vermischen und zum Mehl geben. Anschließend mit dem ganze Ei, dem Eidotter und der weichen Butter verrühren.

Die Masse in einen Spritzbeutel füllen *(Teig kann leicht kleben)* und Wellen auf ein mit Backpapier ausgelegtes Backblech spritzen.

Im vorgeheizten Backrohr bei 190° C etwa 15 Minuten hell backen. Danach *(noch heiß)* auf eine Küchenrolle legen und auskühlen lasssen.

Anstelle des „*eubiotica*" **Stevia Granulats** können auch ohne Qualitätsverlust „*natusweet*" **Kristalle+** und die anderen „*natusweet*"-Produkte verwendet werden!

Weihnachtsbäckerei

Radlkroapfa
Spezialität aus dem Waldviertel

22 BE 28 KHE 28 BW

Zutaten:
2 Eier
½ TL *Stevia Granulat*
150 g Margarine
50 g geriebene Mandeln *(wahlweise auch Walnüsse oder Haselnüsse)*
125 g Sauerrahm
400 g Dinkelvollkornmehl
3 TL *Stevia Granulat*
1 TL Zimt
150 g Ribiselgelee *(mit Stevia)*
Rapsöl für die Friteuse

Zubereitung:

Eier in eine Schüssel schlagen *(vom Eiklar 2 EL für später aufheben)*. *Stevia Granulat (oder „natusweet" Kristalle+)*, Margarine, den geriebenen Mandeln und Sauerrahm mit den Eiern gut verrühren. Dinkelvollkornmehl mit *Stevia Granulat (oder „natusweet" Kristalle+)* und Zimt gut vermischen. Die Hälfte des Mehls mit der Masse unterrühren. Dann die zweite Hälfte rasch unterkneten und den Teig in Alufolie gewickelt im Kühlschrank eine Stunde rasten lassen.

Das Fett in der Friteuse auf 175° C erhitzen.

Den Mürbteig auf Backpapier 2 bis 3 mm ausrollen und Plätzchen von etwa 6 cm ausstechen. Jeweils drei Plätzchen in der Mitte mit Eiklar bestreichen und aufeinanderlegen. In der Mitte mit dem Kochlöffel eine kleine Mulde drücken. Plätzchen strahlenförmig fünfmal einschneiden. 2 bis 3 Plätzchen gleichzeitig in das heiße Fett legen und 4 bis 5 Minuten goldbraun backen.

Die fertigen „Rosen" herausnehmen, auf einer Küchenrolle abtropfen lassen und in der Mitte mit Gelee *(mit Stevia zubereitet)* füllen.

Hinweis:
Diese Waldviertler Spezialität wird gerne als Weihnachtsgebäck und im Fasching zu besonderen Anlässen serviert!.

Anstelle des *„eubiotica" Stevia Granulats* kann auch ohne Qualitätsverlust *„natusweet" Kristalle+* verwendet werden!

Eistee

Eistee für Erwachsene

0,5 BE 0,5 KHE 0,5 BW

Zutaten:
4 Teebeutel schwarzer Tee
800 ml Wasser
Saft von 1 Zitrone
Saft von 2 Orangen
1 ½ TL *Stevia Granulat*
20 Eiswürfel

Zubereitung:

Die Teebeutel mit kochendem Wasser übergießen und etwa 10 Minuten ziehen lassen.

In der Zwischenzeit Zitrone und Orangen auspressen und gemeinsam mit den Eiswürfeln und dem *Stevia Granulat (oder „natusweet" Kristalle+)* in einen Glaskrug geben.

Teebeutel entfernen und den schwarzen Tee in den Krug abgießen.

So rasch wie möglich *(noch lauwarm)* in eine Flasche umgießen und in den Kühlschrank geben.

Durch das rasche Abkühlen verhindert man beim schwarzen Tee das Entstehen von Bitterstoffen.

Mit Eiswürfel servieren.

TIPP zu den Eiswürferln:
*Man kann in die einzelnen Eiswürfel einen Tropfen **Stevia flüssig** geben. Ebenso noch zur Dekoration ein kleines Blatt Zitronen-Melisse.*

Anstelle des „*eubiotica*" Stevia Granulats können auch ohne Qualitätsverlust „*natusweet*" Kristalle+ und die anderen „*natusweet*"-Produkte verwendet werden!

Eistee

Eistee „spezial" für Kinder

keine BE, KHE bzw. BW

Zutaten:
- 3 Teebeutel Wildkirsche
- 1 l Wasser
- Saft von ½ Zitrone
- 1 TL *Stevia Granulat*
- Eiswürfel zum Servieren

Zubereitung:

Die Teebeutel mit kochendem Wasser übergießen und etwa 8 bis 10 Minuten ziehen lassen.

In der Zwischenzeit Zitrone auspressen.

Teebeutel entfernen und den Zitronensaft mit dem *Stevia Granulat* (oder „natusweet" *Kristalle+*) zum Tee geben.

Ausgekühlt in den Kühlschrank stellen.

Mit Eiswürfel servieren.

TIPP zu den Eiswürferln:
Man kann in die einzelnen Eiswürfel einen Tropfen **Stevia flüssig** *geben. Ebenso noch zur Dekoration ein kleines Blatt Zitronen-Melisse.*

Anstelle des „eubiotica" **Stevia Granulats** können auch ohne Qualitätsverlust „natusweet" **Kristalle+** und die anderen „natusweet"-Produkte verwendet werden!

107

Getränke alkoholisch

Bowle – leicht erfrischend

5 BE 5 KHE 5 BW

Zutaten:

200 g Erdbeeren, geschnitten
2 Pfirsiche, gewürfelt
2 Scheiben Ananas, frisch
1 Hand voll frische Zitronenmelissenblätter
Saft von 1 Limette
1 Zitrone, in feine Scheiben geschnitten
3 TL *Stevia flüssig*
1 l Sekt *(gut gekühlt)*
1 l Mineralwasser mit Kohlensäure

Zubereitung:

Früchte in kleine Stücke schneiden, Zitronenmelissenblätter fein hacken und gemeinsam mit dem Limettensaft, den Zitronenscheiben und **Stevia flüssig** in eine Schüssel geben.

Zugedeckt im Kühlschrank rund 3 Stunden gut durchziehen lassen.

Zwischendurch immer wieder umrühren. Danach Zitronenscheiben entfernen.

Mit dem gut gekühlten Sekt und Mineralwasser aufgießen.

Entweder gleich in Gläser füllen und servieren oder bis zum Servieren weiter im Kühlschrank aufbewahren.

TIPP:
Diese Bowle kann auch für Kinder zubereitet werden, indem man den Sekt einfach durch Apfelsaft ohne Zucker ersetzt.

Anstelle des **„eubiotica" Stevia flüssig** kann auch ohne Qualitätsverlust **„natusweet"** flüssig verwendet werden!

Glühwein

Getränke alkoholisch

keine BE. KHE bzw. BW

Zutaten:
- ¼ l Rotwein
- ¼ TL *Stevia Granulat*
- 1 Zimtrinde
- 3 Nelken
- 1 TL *Stevia flüssig*
- Spritzer Zitronensaft
- abgeriebene Schale von 1 Zitrone

TIPP:
Statt der Gewürze kann man auch ein fertiges Glühweingewürz verwenden, wenn es schnell gehen soll.

Zubereitung:
Alle Zutaten in einen Topf geben.

Kurz aufkochen und zugedeckt etwa 5 Minuten ziehen lassen.

Die Gewürze abseihen und heiß servieren.

Anstelle des *„eubiotica"* **Stevia Granulats** können auch ohne Qualitätsverlust *„natusweet"* **Kristalle+** und die anderen *„natusweet"*-**Produkte** verwendet werden!

Drinks für alle Jahreszeiten

Früchte-Shake
(1 Portion)

	🇦🇹	🇩🇪	🇨🇭
mit Beeren:	1,3 BE	2 KHE	1 BW
mit Bananen:	2,8 BE	3 KHE	3 BW

Zutaten:

100 g Früchte
 (div. Beeren,
 Banane usw.
 oder gemischt)
200 ml Milch

2 EL Zitronen- oder
 Orangensaft,
 frisch gepresst
10 Tropfen **Stevia flüssig**
4 Eiswürfel

Zubereitung:

Früchte, Milch, Zitronen- oder Orangensaft, **Stevia flüssig** und Eiswürfel mit dem Pürierstab zerkleinern, gut kühlen und anschließend in ein hohes Glas füllen.

Mit einem Stück Frucht dekorieren und mit Strohhalm servieren.

Anstelle des **„eubiotica" Stevia flüssig** kann auch ohne Qualitätsverlust **„natusweet" flüssig** verwendet werden!

Drinks für alle Jahreszeiten

Exotic Shake (2 Portionen)

7 BE 7 KHE 8 BW

Zutaten:

6 Scheiben Ananas ohne Zucker aus der Dose
220 ml Kokosmilch ohne Zucker
180 ml Buttermilch (wahlweise Milch oder Reismilch)
etwas Mark aus der Vanilleschote
20 Tropfen *Stevia flüssig*
2 EL Limettensaft
1 EL Kokosraspeln
etwas Ananassaft aus der Dose zum Aufgießen

Wichtig vor der Zubereitung:

Alle Zutaten müssen gut gekühlt sein.

Die Buttermilch bewirkt ein baldiges Ausflocken des Drinks *(deshalb rasch trinken)*.

Das Gleiche gilt bei Verwendung einer frischen Ananas.

Zubereitung:

Ananasscheiben in kleine Stücke schneiden und mit der Kokosmilch mit dem Pürierstab zerkleinern.

Die Buttermilch mit dem Mark aus der Vanilleschote, den *Stevia Tropfen* und dem Limettensaft dazugeben.

Nochmals gut durchmixen.

Den Rand der hohen Gläser kurz ins Wasser tauchen und in Kokosraspeln wälzen.

Den Shake einfüllen und mit Ananassaft aufgießen, kurz umrühren und mit einem Strohhalm servieren.

Anstelle des *„eubiotica"* **Stevia flüssig** kann auch ohne Qualitätsverlust *„natusweet"* **flüssig** verwendet werden!

Schnell und gut
Frucht-Joghurt

1 BE 2 KHE 1 BW

Zutaten:
250 g cremiges Joghurt
10 Tropfen **Stevia flüssig**
2 EL Marmelade mit **Stevia** (z. B. Erdbeer, Marille, Ringlotte, Himbeere usw.)
eventuell frische Fruchtstücke (passend zur Marmelade)

Zubereitung:

Das cremige Joghurt mit den **Stevia Tropfen** und der Marmelade gut verrühren.

Man kann das Joghurt zusätzlich mit Fruchtstücken aufwerten, die zur Marmelade passen.

Ein guter Tipp: Am besten sind die Früchte der jeweiligen Saison und vor allem aus der Region.

Hier kann man auch gleich etwas für die Umwelt tun, indem man beim Einkauf die Produkte aus der umliegenden Region zur jeweiligen Saison kauft.

Anstelle des „**eubiotica**" **Stevia flüssig** kann auch ohne Qualitätsverlust „*natusweet*" **flüssig** verwendet werden!

Schnell und gut

Beerengrütze *(für 2 Pers.)*

1,5 BE   1,6 KHE   2 BW

Zutaten (Beerenvorschlag):

100 g Himbeeren
100 g Erdbeeren
100 g Brombeeren
¼ l Wasser
½ TL Johannisbrotkernmehl *(Vegabin oder Biobin)*
1 TL **Stevia Granulat**
3 EL Schlagobers

Zubereitung:

Die Beeren mit dem Wasser in einen Topf geben und aufkochen.

Das Johannisbrotkernmehl mit dem **Stevia Granulat (oder „natusweet" Kristalle+)** vermischen, einrühren und nochmals aufkochen.

Auskühlen lassen und anschließend in Schüsseln portionieren.

Zum Schluss das Schlagobers über die fertige Beerengrütze gießen und servieren.

Anstelle des „eubiotica" Stevia Granulats kann auch ohne Qualitätsverlust „natusweet" Kristalle+ verwendet werden!

Schnell und gut
Schlagobers

keine BE, KHE bzw. BW

Zutaten:
250 g ungeschlagenes Obers
⅛ TL *Stevia Granulat*
1 Pkg. Sahnesteif

Zubereitung:

Obers mit dem **Stevia Granulat** *(oder „natusweet" Kristalle+)* vermischen.
Danach auf kleiner Stufe mit dem Mixer schlagen, bis es anfängt, fest zu werden.
Nun das Sahnesteif dazugeben und auf höchster Stufe fest schlagen.

Anstelle des **„eubiotica" Stevia Granulats** kann auch ohne Qualitätsverlust **„natusweet" Kristalle+** verwendet werden!

Buntes Müsli

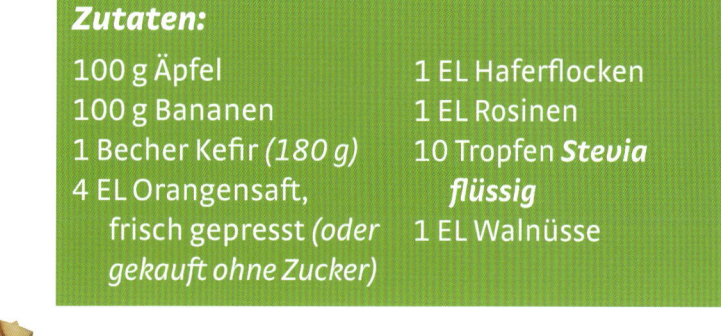

Schnell und gut

5 BE   6 KHE   6 BW

Zutaten:

- 100 g Äpfel
- 100 g Bananen
- 1 Becher Kefir *(180 g)*
- 4 EL Orangensaft, frisch gepresst *(oder gekauft ohne Zucker)*
- 1 EL Haferflocken
- 1 EL Rosinen
- 10 Tropfen *Stevia flüssig*
- 1 EL Walnüsse

Zubereitung:

Äpfel und Bananen in kleine Stücke schneiden und in eine Schüssel geben.

Kefir, Orangensaft, Haferflocken, Rosinen und *Stevia Tropfen* dazugeben und vermischen.

In kleinen Schüsserln servieren und mit gehackten Walnüssen bestreuen.

Anstelle des *„eubiotica" Stevia flüssig* kann auch ohne Qualitätsverlust *„natusweet" flüssig* verwendet werden!

Schnell und gut

Exotic-Fruchtsalat

Zutaten:

- 1 Mango
- 1 frische Ananas *(oder eine Dose Ananasscheiben ohne Zuckerzusatz)*
- 1 Honigmelone
- 1 Banane
- Mark ½ Vanilleschote
- 10 Tropfen *Stevia flüssig*

Kokoscreme:

- ¼ l Schlagobers
- ¼ TL *Stevia Granulat*
- 100 ml Kokosmilch

Zubereitung:

Mango, Ananas und Honigmelone schälen, in kleine Würfel schneiden und in eine Schüssel geben.

Banane in dünne Scheiben schneiden und zusammen mit den anderen Obststücken, dem Mark der Vanilleschote und den *Stevia Tropfen* vermischen und kalt stellen.

In der Zwischenzeit das Schlagobers mit dem *Stevia Granulat (oder „natusweet" Kristalle+)* halbfest schlagen und dann langsam die Kokosmilch dazugeben.

In einem kleinen Schüsserl den Obstsalat mit der Kokos-Schlagobers-Creme servieren.

Bitte beachten:
Keine Angaben von BE, da Mangos bei den Broteinheiten zwischen 20 BE und 40 BE differieren können!

TIPP:
Besonders beliebt in der warmen Jahreszeit, da sehr erfrischend. Die Früchte sollten frisch und ausgereift sein.

Anstelle des *„eubiotica"* **Stevia Granulats** können auch ohne Qualitätsverlust *„natusweet"* **Kristalle+** und die anderen *„natusweet"*-Produkte verwendet werden!

Herbst-Fruchtsalat

Schnell und gut

13,5 BE 14 KHE 16 BW

Zutaten:

4 Äpfel
2 Birnen
3 Feigen
200 g Weintrauben
150 g Brombeeren
Saft von 1 Zitrone
200 ml Orangensaft ohne Zuckerzusatz
½ TL Zimt
Messerspitze Nelken
1 Schuss Rum (oder Rumaroma)
30 Tropfen *Stevia flüssig*

Zubereitung:

Äpfel und Birnen vom Kerngehäuse befreien und in kleine mundgerechte Stücke schneiden.

Die Feigen ebenfalls in kleine Würfel schneiden.

Weintrauben halbieren und entkernen.

Alle Obststücke mit den Brombeeren in eine Schüssel geben.

Den Saft der Zitrone mit dem Orangensaft, den Gewürzen *(Zimt, Nelken)*, dem Schuss Rum und den *Stevia Tropfen* vermischen und die Fruchtstücke damit übergießen.

Mindestens eine Stunde kalt stellen.

TIPP:

*Den Herbst-Fruchtsalat kann man noch mit Schlagobers (mit **Stevia** gesüßt) und mit Mandelblättchen garnieren, was diesem Fruchtsalat noch eine besondere „Note" gibt.*

Anstelle des „**eubiotica**" **Stevia flüssig** kann auch ohne Qualitätsverlust „**natusweet**" **flüssig** verwendet werden!

Eis

Erdbeereis

🇦🇹 🇩🇪 🇨🇭
2 BE 3 KHE 3 BW

Zutaten:

370 g Erdbeeren
250 ml Sahne
120 g cremiges Joghurt
3 TL **Stevia Granulat**
¾ TL gestrichenes Johannisbrotkernmehl *(Vegabin oder Biobin)*
1 winzige Prise Salz

Zubereitung:

Die Erdbeeren mit dem Stabmixer pürieren und mit allen anderen Zutaten so lange verrühren, bis sich alles gut miteinander vermengt und sich eine cremige Konsistenz gebildet hat.

Das gefrorene Eis ist immer weniger süß als die Eismasse, daher gegebenenfalls sofort nachsüßen! Anschließend entweder in einem tiefkühlgeeigneten Gefäß gefrieren lassen *(zwischendurch zwei- bis dreimal umrühren)* oder in der Eismaschine zubereiten.

TIPP:
Für eine intensivere Farbe kann man rote Lebensmittelfarbe verwenden, die geschmacksneutral ist!

Anstelle des **„eubiotica" Stevia Granulats** kann auch ohne Qualitätsverlust **„natusweet" Kristalle+** verwendet werden!

Eis

Himbeereis

2 BE | 2 KHE | 2 BW

Zutaten:
200 g Himbeeren
250 ml Milch
2 TL *Stevia flüssig*

TIPP:
Für eine intensivere Farbe kann man rote Lebensmittelfarbe verwenden, die geschmacksneutral ist!

Zubereitung:

Die Himbeeren pürieren und durch ein Sieb streichen, damit die Kerne entfernt sind.

Nun mit Milch und *Stevia* solange mixen, bis sich eine cremige Konsistenz bildet.

Das gefrorene Eis ist immer weniger süß als die Eismasse, daher gegebenenfalls sofort nachsüßen! Anschließend entweder in einem tiefkühlgeeigneten Gefäß gefrieren lassen oder in der Eismaschine zubereiten.

Anstelle des „eubiotica" *Stevia flüssig* kann auch ohne Qualitätsverlust „natusweet"-*flüssig* verwendet werden!

Vanillecreme

Vanillecreme I

keine BE, KHE bzw. BW

Zutaten:
250 g Topfen (streichfähig)
5 EL Milch
Mark von ½ Vanilleschote
2 TL *Stevia flüssig*

Zubereitung:

Topfen mit Milch, dem Mark der Vanilleschote und *Stevia flüssig* gut verrühren.

Bis zum Servieren im Kühlschrank aufbewahren.

TIPP:
Besonders an heißen Tagen serviert man die Vanillecreme sehr gerne wenn Gäste kommen. Sie wirkt sehr erfrischend!

Anstelle des *„eubiotica"* **Stevia flüssig** kann auch ohne Qualitätsverlust *„natusweet"* **flüssig** verwendet werden!

Vanillecreme II

Vanillecreme

2 BE | 3 KHE | 2 BW

Zutaten:
4 Eigelb
1 TL *Stevia Granulat*
¾ TL Johannisbrot-
   kernmehl *(Vegabin oder Biobin)*
125 ml Schlagobers
½ TL *Stevia Granulat*
   (für das Schlagobers)
500 ml Milch
1 TL *Stevia flüssig*
Mark von 1 Vanille-
schote

Zubereitung:

Eigelb mit dem TL *Stevia Granulat (oder „natusweet" Kristalle+)* und Johannisbrotkernmehl schaumig rühren und in einen Kochtopf umfüllen.

Das Schlagobers mit dem *Stevia Granulat (oder „natusweet" Kristalle+)* fest schlagen und kalt stellen.

Die Milch mit 1 TL *Stevia flüssig* und dem Mark der Vanilleschote vermischen und in einem anderen Topf erhitzen *(nicht kochen)*, dann sofort unter ständigem Rühren in die Eimasse fest einrühren.

Nun kräftig weiterrühren und einmal aufkochen lassen.

Kurz überkühlen lassen.

Wenn die Masse anfängt, Straßen zu ziehen, das Schlagobers unterheben.

Anstelle des „eubiotica" Stevia Granulats können auch ohne Qualitätsverlust „natusweet" Kristalle+ und die anderen „natusweet"-Produkte verwendet werden!

Puddings

Puddings *(für 4 Formen)*

Vanille: 4,5 BE 5,0 KHE 5,0 BW
Schoko: 5,0 BE 5,5 KHE 5,5 BW

Zutaten:
1 Pkg. Puddingpulver *(Schokolade, Vanille ...)*
500 ml Milch
1 TL **Stevia Granulat**

Zubereitung:

Von der Milch 6 Esslöffel in ein Schüsserl beiseite geben und mit dem Puddingpulver glatt rühren.

Nun die Milch mit dem **Stevia Granulat** *(oder „natusweet" Kristalle+)* vermischen und zum Kochen bringen.

Anschließend das verrührte Puddingpulver in die Milch einrühren und unter ständigem Rühren etwa 1 bis 2 Minuten leicht kochen.

Die fertige Puddingmasse in mit kaltem Wasser ausgespülte Formen gießen und erkalten lassen.

Nachdem der Pudding fest ist, diesen aus der Form stürzen.

TIPP:
*Servieren kann man Puddng mit frischen Beeren, Kompott oder Schlagobers, welches mit **Stevia** gesüßt wurde.*

Anstelle des **„eubiotica" Stevia Granulats** kann auch ohne Qualitätsverlust **„natusweet" Kristalle+** verwendet werden!

Puddings

Früchtepudding
(für 5 Formen)

	🇦🇹	🇩🇪	🇨🇭
mit Himbeeren:	3,0 BE	3 KHE	3 BW
mit Erdbeeren:	3,5 BE	4 KHE	4 BW
mit Kirschen:	6,0 BE	6 KHE	6 BW
mit Marillen:	6,0 BE	7 KHE	7 BW

Zutaten:
700 g Früchte (Himbeeren, Erdbeeren, Kirschen, Marillen usw.)
4 TL **Stevia Granulat**
9 Blatt Gelatine oder 3 Pkg. Instantgelatine

Zubereitung:

Früchte mit dem Pürierstab zu Mus verarbeiten und mit dem **Stevia Granulat** *(oder „natusweet" Kristalle+)* und Gelatine *(in Wasser eingeweicht und ausgedrückt)* vermischen.

In einen Topf geben, mit Gelatine verrühren und kurz aufkochen.

Die fertige Puddingmasse in mit kaltem Wasser ausgespülte Formen gießen und erkalten lassen.

Nachdem der Pudding fest ist, stürzen.

Anstelle des **„eubiotica" Stevia Granulats** kann auch ohne Qualitätsverlust **„natusweet" Kristalle+** verwendet werden!

Desserts
Kiwi-Dessert

3 BE   4 KHE   3 BW

Zutaten:
300 g Kiwi
250 g Topfen (streichfähig)
120 g Joghurt
25 Tropfen *Stevia flüssig*
1 EL Zitronensaft

Zubereitung:

Kiwi mit dem Pürierstab zerkleinern.

Topfen mit Joghurt, **Stevia Tropfen** und dem Zitronensaft schaumig rühren und zum Kiwimus dazugeben.

Nochmals gut verrühren und in Schalen oder Schüsseln servieren.

TIPP:
Hier kann man jederzeit auch andere Früchte (je nach Geschmack) verwenden!

Anstelle des **„eubiotica" Stevia flüssig** kann auch ohne Qualitätsverlust **„natusweet" flüssig** verwendet werden!

Apfelkompott

Desserts

11 BE   12 KHE   12 BW

Zutaten:

¼ l Apfelsaft ohne Zucker
¼ l Wasser *(oder ½ l ohne Apfelsaft)*
4 Nelken
5 – 10 g geriebene Ingwerwurzel oder
1 Msp. Ingwerpulver
Saft und Schale von 1 Zitrone
1 Stange Zimt
1 kg säuerliche Äpfel
1 TL *Stevia flüssig*

Zubereitung:

Den Apfelsaft mit dem Wasser verrühren.

Die Gewürznelken in ein Tee-Ei und in die Flüssigkeit geben, die geschälte und geriebene Ingwerwurzel *(oder Ingwerpulver)*, dem Zitronensaft und der Zimtstange aufkochen lassen.

Die geschälten, entkernten und in mundgerechte Stücke geschnittenen Äpfel dazugeben, etwa 15 – 20 Minuten weich dünsten und mit *Stevia flüssig* süßen.

Tee-Ei und Zimtrinde entfernen und anrichten.

Anstelle des „*eubiotica*" *Stevia flüssig* kann auch ohne Qualitätsverlust „*natusweet*" *flüssig* verwendet werden!

125

Desserts
Bratapfel

2 BE   2 KHE   2 BW

Zutaten:
1 Apfel *(Boskop)*
etwas flüssige Butter zum Auspinseln
1 TL Preiselbeeren
1 EL Rosinen
1 EL Mandeln, gehackt
10 g Butter
½ TL Zimt
1 EL Zitronensaft
10 Tropfen **Stevia** *flüssig*

Zubereitung:

Den Apfel aushöhlen und innen mit Butter auspinseln.

Preiselbeeren, Rosinen, Mandeln, Butter, Zimt, Zitronensaft, den ausgehöhlten Inhalt *(ohne Kerngehäuse)* und die **Stevia**-Tropfen vermengen und den Apfel damit füllen.

Vorsichtig in Alufolie wickeln und in eine feuerfeste Form setzen.

Im Backrohr bei 170° C etwa 35 – 40 Minuten backen.

SERVIERTIPP:
*1 EL Creme fraîche mit Zimt und einem Tropfen **Stevia** mischen und den Bratapfel damit servieren.*

Anstelle des **„eubiotia"** Stevia flüssig kann auch ohne Qualitätsverlust **„natusweet"** flüssig verwendet werden!

Grießkoch

Desserts

4 BE 4 KHE 4 BW

Zutaten:
400 ml Milch
1 TL Butter
15 Tropfen *Stevia flüssig*
Prise Salz
½ TL Zimt
35 g Weizengrieß
(= 2 gehäufte EL)

Zubereitung:

Die Milch mit Butter, *Stevia flüssig,* einer Prise Salz und Zimt in einen Topf geben und aufkochen lassen.

Grieß langsam einstreuen und unter ständigem Rühren 5 – 7 Minuten kochen.

Anstelle des „eubiotica" Stevia flüssig kann auch ohne Qualitätsverlust „natusweet" das „natusweet"-flüssig verwendet werden!

Desserts

Palatschinken
(4 Stück)

mit Fülle I und II: 6 BE 8 KHE 8 BW
mit Fülle III: 8 BE 10 KHE 10 BW

Zutaten:
250 ml Milch
20 Tropfen *Stevia flüssig*
Prise Salz
1 Ei
100 g Dinkel-Vollkornmehl

Fülle I:
Marmelade mit *Stevia* nach Wahl

Fülle II:
1 EL Zimt
½ TL *Stevia Granulat*

Fülle III:
40 g Rosinen
1 TL Rum *(zum Einweichen der Rosinen)*
1 EL Zitronensaft
250 g Topfen
1 TL *Stevia Granulat*

Zubereitung Fülle I:
Die Milch zuerst mit den *Stevia Tropfen* und Salz vermischen und anschließend mit Ei und Mehl mit dem Mixer gut verrühren.

In der Pfanne mit etwas Rapsöl vier Palatschinken backen.

Diese mit *Stevia* gesüßter Marmelade bestreichen und einrollen.

Zubereitung Fülle II:
Zimt und *Stevia Granulat* *(oder „natusweet" Kristalle+)* vermischen und auf die Palatschinke sieben.

Zubereitung Fülle III:
Die Rosinen in Rum einweichen.

Danach gemeinsam mit dem Rum und den anderen Zutaten vermischen und auf die Palatschinke streichen.

SERVIERTIPP:
Palatschinken bieten sehr viele Variationen, so auch mit Eis gefüllt usw.

Anstelle des *„eubiotica"* Stevia Granulats können auch ohne Qualitätsverlust *„natusweet"* Kristalle+ und die anderen *„natusweet"*-Produkte verwendet werden!

Salzburger Nockerln

Desserts

3 BE 3 KHE 3 BW

Zutaten:
6 Eiklar
¼ TL *Stevia Granulat*
1 TL Johannisbrotkernmehl *(Vegabin oder Biobin)*
4 Eidotter
½ TL *Stevia Granulat* *(für die Eidotter)*
Mark von ½ Vanilleschote
2 EL Dinkelmehl
200 ml Milch
20 Tropfen *Stevia flüssig*

Zubereitung:
Backrohr auf 200° C vorheizen.

Eiklar mit dem *Stevia Granulat* *(oder „natusweet" Kristalle+)* und Johannisbrotkernmehl sehr steif schlagen.

Die Eidotter mit dem ½ TL *Stevia Granulat* *(oder „natusweet" Kristalle+)* und Vanillemark vermischen.

Nun in den Eischnee vorsichtig die Eimasse und das Mehl unterheben.

Milch mit den *Stevia Tropfen* vermischen und in einer Gratinierform im Backrohr erhitzen.

Aus der Masse große Nockerln ausstechen und auf die heiße Milch setzen.

Im Backrohr etwa 10 Minuten backen, bis die Nockerln oben eine braune Farbe bekommen.

TIPP:
Man kann die Milch auch weglassen und die Nockerln nur in eine gebutterte Form setzen. Dazu kann man Vanillesauce oder Kompott servieren.

Anstelle des *„eubiotica"* Stevia Granulats können auch ohne Qualitätsverlust *„natusweet"* Kristalle+ und die anderen *„natusweet"*-Produkte verwendet werden!

Erklärungen für die deutsche Küche:

Biskotten	=	Löffelbiskuit
Brösel	=	Paniermehl
Busserl	=	Plätzchen
Eidotter	=	Eigelb
Eiklar	=	Eiweiß
Erdäpfel	=	Kartoffel
Germ	=	Hefe
Golatschen	=	Quarkquadrat, Quarkplunder
Holler	=	Holunder
Knödel	=	Klöße oder Klopse
Kritzendorfer „Rundsüßlinge"	=	Spezialität der Autorin *(speziell für Kindernachmittage zur Faschingszeit)*
Marille	=	Aprikose
Marmelade	=	Konfitüre
Nockerl	=	Spätzle, Knöpfli, Nocken
Obers	=	süße Sahne
Orange	=	Apfelsine
Palatschinken	=	Pfannkuchen
Powidl	=	Pflaumenmus
Radlkroapfa vom Waldviertel	=	Radlkrapfen *(Spezialität aus dem nördlichen Niederösterreich)*
Ribisel	=	Johannisbeere
Ringlotten	=	Reineclauden, Mirabellen, Renekloden
Sauerrahm	=	saure Sahne, saurer Rahm
Schlagobes	=	Schlagsahne
Semmel	=	Brötchen
Sieb	=	Durchschlag
Striezel	=	Hefezopf
Topfen	=	Quark, Schotten
Zwetschken	=	Pflaumen